Inhalt

Einführung

Moderner Antisemitismus ist die spezifische Form eines Judenhasses, der auf einer sehr langen Tradition beruht. Seine Wurzeln reichen bis in die Antike zurück. Eine kontinuierliche judenfeindliche Grundhaltung bildete sich jedoch erst in neutestamentlicher Zeit heraus. Die Glaubensgegensätze zwischen Christen und Juden fanden ihren Niederschlag in der christlichen Theologie. Mit der Kirche verbreitete sich antijudaistisches Denken in der gesamten christlich-abendländischen Welt. War die negative Einstellung den Juden gegenüber ursprünglich vor allem religiös bedingt, so traten in der Folge wirtschaftlich motivierte Animositäten hinzu. Ein Klischee lagerte sich über das andere, und die Vorurteile verschmolzen schließlich zu einer bildhaften Gesamtvorstellung vom verwerflichen, verachtenswerten Juden. Dieses jahrhundertelang von Generation zu Generation überlieferte Judenbild setzte sich im Bewußtsein breitester Bevölkerungskreise fest und bestimmte ihr Verhalten gegenüber der jüdischen Minderheit. In seiner langen Geschichte wechselten immer wieder Inhalte, Träger und Formen des Judenhasses. Mal standen religiöse, mal wirtschaftliche Vorurteile stärker im Vordergrund. Unterschiedliche soziale Gruppen oder Gesellschaftsschichten lösten einander als Hauptträger antijüdischer Bewegungen ab. Juden erfuhren die ihnen entgegengebrachte Abneigung auf vielfältige Art und Weise. Die Skala reichte von gesellschaftlicher Distanzierung über wirtschaftliche Verdrängung und rechtliche Diskriminierung bis hin zu Zwangsbekehrungen, Massenvertreibungen und blutigen Verfolgungen. Wie der Judenhaß im einzelnen zum Ausdruck kam, hing von den je konkreten geschichtlichen Bedingungen ab: von wirtschaftlichen Interessengegensätzen, sozialen Konflikten, politischen Auseinandersetzungen und religiösen Kämpfen, von Kriegen, Hungersnöten, Pestepidemien oder anderen krisenhaften Ereignissen.

Durch den modernen Antisemitismus gewann der traditionelle und weit verbreitete Judenhaß eine neue Qualität. Er kann zwar ebensowenig wie die Tradition, aus der er erwuchs, als ein Produkt allein der deutschen Geschichte oder als ein typisch deutsches Phänomen angesehen werden; es handelt sich vielmehr auch beim modernen Antisemitismus um eine überall in Europa und darüber hinaus anzutreffende Erscheinung. Doch gewann er aus Gründen, die sich nur historisch aus der besonderen Situation erklären lassen, in Deutschland eine einzigartige Bedeutung. Schon bei seiner Entstehung spielte die deutsche Geschichte keine geringe Rolle. Nicht zufällig wurde der Begriff *Antisemitismus* in Deutschland geprägt. Er tauchte zuerst im Herbst 1879 auf. Als sein Urheber gilt der gescheiterte Journalist und Schriftsteller Wilhelm Marr, Verfasser zahlreicher antijüdischer Bücher und Pamphlete. Von Deutschland breitete sich der Ausdruck *Antisemitismus* sehr rasch aus und fand Eingang in die französische, englische, spanische und italienische Sprache. Das Bezeichnende und Enthüllende an diesem Begriff ist seine Herkunft aus Sprachwissenschaft und Völkerkunde sowie seine Verwendung als politischer Kampfbegriff. Mit ihm wurde der Eindruck erweckt, als ob die gegen Juden erhobenen Anschuldigungen rational begründet werden könnten. Der neue Begriff war ein deutliches Indiz dafür, daß sich der Charakter der Judenfeindschaft verändert hatte. Dies trat nirgendwo deutlicher zum Vorschein als im Nationalsozialismus. Unter seiner Herrschaft erreichte der Antisemitismus in Deutschland einen schrecklichen Höhepunkt und mündete in den welthistorisch einmalig dastehenden Völkermord ein. Wie weit von hier aus der Bogen zurück in die Vergangenheit geschlagen werden kann, welche Bedeutung der Tradition antijüdischer Vorurteilsbildung zugemessen werden soll oder in welchem Maße die nationalsozialistischen Verbrechen und frühere Judenverfolgungen aus der je konkreten historischen Situation erklärbar sind, gehört zu den vielen Fragen, die das Problem des Antisemitismus aufwirft.

Zeittafel

38–41	Unruhen und Judenverfolgungen in Alexandrien
1096	Aufbruch zum Ersten Kreuzzug: Judenmorde in den Städten am Rhein und in Regensburg
1146–1147	Zweiter Kreuzzug: Judenverfolgungen am Rhein und in Süddeutschland
1348–1349	Die schwarze Pest: Judenmorde und Massenvertreibungen in Süddeutschland
15. Jh.	Judenvertreibungen aus vielen Städten des Deutschen Reiches
1781	Dohms Emanzipationsschrift „Über die bürgerliche Verbesserung der Juden"
1789	Französische Revolution: „Erklärung der Menschen- und Bürgerrechte"
28. 9. 1791	Volle Bürgerrechte für Juden in Frankreich
11. 3. 1812	Preußisches Emanzipationsedikt
1819	Hep-Hep-Krawalle in Deutschland (Der Ausruf „Hep" bedeutet: „Hierosolyma est perdita" = Jerusalem ist verloren)
1842	Bruno Bauers Schrift „Die Judenfrage"
Frühjahr 1848	Revolution in Deutschland mit Ausschreitungen gegen Juden
28. 3. 1849	Verfassung des Deutschen Reiches: Gleichberechtigung für die Angehörigen aller Glaubensbekenntnisse
1871	Gründung des Deutschen Reiches: Abschluß der Judenemanzipation in Deutschland
1873–1896	„Gründerkrise" und „Große Depression"
1879/1881	„Antisemitenpetition", „Berliner Bewegung", Gründung antisemitischer Parteien und des Verbands der Vereine Deutscher Studenten
1881	Dührings Schrift „Die Judenfrage als Rassen-, Sitten- und Culturfrage"
1891–1893	Gründung des Alldeutschen Verbandes, des Bundes der Landwirte und des Deutschnationalen Handlungsgehilfenverbandes
1895	Beginn der Dreyfusaffäre in Frankreich
1899	Chamberlains „Die Grundlagen des 19. Jahrhunderts"
Nov. 1918	Revolution in Deutschland
1919–1922	Antisemitische Mord- und Terroranschläge
1925/1927	Hitlers „Mein Kampf"
30. 1. 1933	Machtübernahme durch den Nationalsozialismus
1. 4. 1933	„Judenboykott"
7. 4. 1933	Gesetz zur Wiederherstellung des Berufsbeamtentums
15. 9. 1935	„Nürnberger Gesetze"
13. 3. 1938	„Anschluß" Österreichs
9./10. 11. 1938	„Reichskristallnacht"

1. 9. 1939	Beginn des Zweiten Weltkrieges
Oktober 1939	Erste Deportationen von Juden in das „Generalgouvernement“
22. 6. 1941	Deutscher Angriff auf die Sowjetunion
Sommer 1941	Massenmorde an Juden durch „Einsatzgruppen“ in Rußland
20. 1. 1942	Wannseekonferenz
Sommer 1942	Systematisierung der Ausrottung
bis April 1945	Massenvergasungen in den Vernichtungslagern

I. Traditionelle Judenfeindschaft und Frühantisemitismus

Als in der zweiten Hälfte des 18. Jahrhunderts tiefgreifende Veränderungen auf allen Lebensgebieten den Beginn einer neuen Epoche ankündigten, führte die überwiegende Mehrheit der Juden in Mitteleuropa eine kümmerliche Existenz am Rande der christlichen Ständegesellschaft. Verantwortlich für diese Situation war ein von Glaubensgegensätzen und Wirtschaftsinteressen vorangetriebener Verdrängungsprozeß, der schon im hohen Mittelalter eingesetzt hatte. Vorurteile und Diskriminierungen machten die Juden zu einem Pariavolk. Nur jene Gewerbe, die von der übrigen Bevölkerung gemieden wurden, standen der jüdischen Minderheit offen. So nahm sie ein spezifisches Berufs- und Sozialprofil an. Die Juden in Mitteleuropa lebten vorwiegend vom Vieh-, Produkten- und Trödelhandel sowie vom kleinen Kreditgeschäft. Erst mit der Auflösung der alteuropäischen Gesellschaftsordnung trat auch die jüdische Minderheit aus ihrer jahrtausendealten sozialen Randexistenz heraus. Seit dem ausgehenden 18. Jahrhundert verbesserte sich nach und nach ihre rechtliche, soziale und wirtschaftliche Stellung in der entstehenden bürgerlichen Gesellschaft. Seit der Mitte des 19. Jahrhunderts schritten die gesellschaftliche Integration und kulturelle Assimilation rasch voran, und der in der deutschen Staatenwelt immer wieder verzögerte Emanzipationsprozeß gelangte mit der Reichsgründung endgültig zum Abschluß. Diese Entwicklung stieß auf mannigfachen Widerstand und Protest. Der Abbau überlieferter Vorurteile hielt mit dem sozialen Wandel nicht Schritt. Während sich die alten religiösen Klischees vom verstockten Judenvolk und vom Schacher- oder Wucherjuden hartnäckig hielten, traten neue, von der veränderten Stellung der Juden in der deutschen Gesellschaft ausgehende stereotype Vorstellungen hinzu und verdichteten sich in den Jahrzehnten zwischen der gescheiterten Revolution von 1848 und der Reichsgründung von 1871 zu einem neuen Judenbild.

1. Juden und Judenhaß vor Beginn der Emanzipation

1 Friedrich Closener, Kleriker und Geschichtsschreiber: Judenverfolgungen im spätmittelalterlichen Straßburg, 1362

Da man zählte 1298 Jahr, da hob eine Verfolgung der Juden an, die währte von Sankt Jakobs Tag bis Sankt Matthäus Tag. Das tat ein Edelmann aus Franken, der war genannt *Rindfleisch*. Der hatte viel Volks versammelt und tötete wohl hunderttausend [1] Juden, die zu Würzburg und zu Nürnberg waren und in anderen Städten. Das geschah nur darum, daß sie also sehr übel getan hatten an unseres Herrn Leib, darum Gott die Plage über sie verhängte . . .

---

[1] Zeitübliche Übertreibung; „hunderttausend" symbolisch gemeint für „große Zahl".

Da man zählte 1337 Jahr, da war ein Edelmann zu Dorlisheim, der hieß der *Unbehaun* und einer zu Andlau, hieß *Zimberlin*. Die sammelten viel Volks, mit denen belagerten sie Colmar und forderten die Herausgabe der Juden, um sie zu verderben. Da kamen die von Straßburg überein, gegen sie zu ziehen. Da sie des gewahr wurden, flohen sie von dannen und ward nichts mehr daraus. Die Hauptleute nannten sich König Armleder. Dies geschah im Maien . . .

Da man zählte 1349 Jahr, da wurden die Juden zu Straßburg verbrannt in ihrem Kirchhof auf einem hölzernen Gerüste an Sankt Veltens Tage, der fiel dieses Jahr auf einen Samstag. Sie wurden auch desselben Jahres verbrannt in allen Städten an dem Rheine, gleichviel ob es freie Städte oder Reichsstädte oder anderer Herren Städte waren. Das geschah darum: man zieh sie, sie hätten Brunnen und andere Wasser verunreinigt mit Gift. In etlichen Städten verbrannte man sie nach (ordentlichem) Urteil, in etlichen steckten sie selbst mit Feuer die Häuser an, da sie innen waren, und verbrannten sich selbsten. Da kam man zu Straßburg überein, daß in hundert Jahren kein Jude da wohnen sollte . . .

Da man zählte 1349 Jahr, an Sankt Apollinien Tag, der auf einen Montag fiel, und folgende drei Männer Bürgermeister zu Straßburg waren: Herr *Gosse Sturm* und Herr *Kunz* von Winterthur und Herr *Peter Swarber* der Ammannmeister [2], da wurden sie alle drei vertrieben. Und das kam also.

Die Stadt hatte Geld aufgenommen von den Juden und hatte Rückzahlung auf ein Ziel zugesichert und hatte ihnen dafür ordnungsmäßig gesiegelte Schutzbriefe gegeben. Und es bestand auch folgende gesetzliche Abmachung: wer von ihnen geliehen hatte, mußte schwerere Zinsen zahlen, als wenn er es von einem Christen geliehen hätte. Darauf verließen sich die Juden und wurden also hochtragenden Gemütes, daß sie niemandem Nachlaß gewähren wollten, und wer mit ihnen zu tun hatte, der konnte kaum mit ihnen übereinkommen. Darum wurden sie verhaßt bei männiglich. Dazu fiel die Beschuldigung auf die Juden, daß sie die Brunnen und die (fließenden) Wasser sollten vergiftet haben. Darob murrte das Volk gemeiniglich und sprachen, man sollte sie verbrennen. Darauf wollte sich der Rat nicht einlassen, man vermöchte ihnen denn zu beweisen, daß es wahr wäre, oder sie gäben es selber zu. Darauf verhaftete man eine Anzahl von ihnen und folterte sie sehr mit Daumschrauben, von denen gestanden drei oder vier andere Sachen, deren sie schuldig waren, darum man sie räderte. Doch gestanden sie nie, daß sie der [Brunnen-] Vergiftung schuldig wären. Da man eine Weile so mit ihnen verfahren war, sperrte man die Judengasse und setzte bewaffnete Leute da zur Hut. Denn man fürchtete, daß wenn man sie überfiele oder ein (allgemeines) Gerichtsverfahren gegen sie eröffnete, daß (die Menge) dann

---

[2] Oberstzunftmeister.

in ihre Häuser einbrechen oder anderen Schaden tun würde. Auch wollte man ihrer desto sicherer sein, gleichviel was man noch über sie beschließen würde. Darum bewachte man sie.

Da sie dergestalt eine Weile bewacht waren und das gemeine Volk sehr über sie ergrimmt war und sie gerne hätte töten sehen, schützten sie dawider die Bürgermeister und der Rat und wollten sie nicht dem Tode preisgeben, sie könnten sie denn mit Recht verurteilen; denn sie wollten nichts wider den Schutzbrief tun, den die Juden hatten von der Stadt. Davon wollte das gemeine Volk nichts wissen und sprachen untereinander heimlich einer zu dem andern, die drei Bürgermeister müßten Geld von den Juden genommen haben, daß sie sie also schützten wider allermänniglichs Willen, und wollten's nicht dafür halten, daß sie es nur aus Gerechtigkeit täten.

Julius Höxter, Quellenlesebuch zur jüdischen Geschichte und Literatur, III. Teil, Frankfurt/M. 1927, S. 27—29

Abb. 1: Jüdischer Geldverleiher. Holzschnitt aus dem 16. Jahrhundert.

2

Alles muß zum Juden laufen. Spottlied aus Regensburg, Anfang 16. Jahrhundert

Hunger und Not und großen Zwang,
Das leidt der arme Handwerksmann,
Es war kein Handwerk also schlecht,
Dem der Jud nie großen Schaden brächt.
So einer ein Kleid kaufen wollt,
Gar bald er zu dem Juden trollt,
Silbergeschirr, Zinn, Leinwand, Barett
Und was er sonst im Haus nit hätt,
Das fand er bei den Juden zuhand,
Es war ihnen alles gesetzt zu Pfand.
Denn was man stahl und raubt mit Gewalt,
Das hatt' alles da sein Aufenthalt.
Was jemand in der Kirchen fand,
Das kam dem Juden heim zuhand.
Ein Gut, das fünfzig Gulden kam,
Das nahm der Jud für zehen an,
Hatt er's ein Wochen oder neun,
So zog er's für sein eigen ein.
Mäntel, Hosen und anderlei,
Das fand man bei dem Juden feil;
Der Handwerksmann konnt' nichts verkaufen,
Es war alles zum Juden laufen.
Nichts minder mußt' er geben Zins
Von Häusern, Läden und auch sonst.

Aus: Georg Liebe, Das Judentum, Leipzig 1903, S. 34

3

Johann Jakob Schudt, lutherischer Theologe und Orientalist: Von der Frankfurter und anderer Juden betrüglichen List, 1742

Wir haben billig gleich zu Anfang dieses Kapitels erinnert, daß die Arten und Weisen der jüdischen Betrüglichkeiten so viel und mancherlei seien, daß selbige unmöglich alle zu erzählen, wie dann deren täglich zu der Christen Schaden neue erfunden werden ... In diesem Augenblick fällt mir ein beträchtliches und wohl merkwürdiges Exempel bei, welches abermals die Christen ermahnen sollte, vor den Juden sich zu hüten, denn sie bleiben geschworene Eid-Genossen, die Christen omni modo [mit allen Mitteln] zu betrügen, bis an der Welt Ende. Aber zum Exempel: Ein Kavalier hatte den Herren Paulanern in Prag, (denn dieser Orden genießt nichts, was von Fleisch kommt) ein Faß Öl geschenkt und seinem Hofmeister befohlen, so viel Öl zu kaufen, damit ein Faß ausgemacht würde.

Der Hofmeister trachtete, als ein guter Haushälter, auf das wohlfeilste den Kauf zu tun, und sammelte das Öl bei den Juden, welche ein Faß zusammenbrachten, so den Herrn Paulanern zugeführt ward, die davon ihre Fisch-Speise und andere zurichteten; aber so lang von diesem Öl gespeist ward, so lange erkrankten die Geistlichen im Kloster, ohne daß einige Arznei anschlagen noch helfen wollte. Man dachte hin und her, und fielen die Gedanken endlich dahin, daß notwendig im Öl etwas sein müsse, welches die Speisen infiziere und die Krankheiten verursache, das Examen wird resolviert [das Rätsel wird gelöst], man eröffnet das Faß, und läßt das übrige Öl herauslaufen, findet am Grund des Fasses die Menge von Pflastern, Drüsen und Eitern, welche die schelmischen Juden, die mit ihrer Krätze, den Geschwüren und anderen Gebrechen sich darin gebadet und kuriert hatten, zusammengetragen. So bleibt es dann dabei, daß ein Christ von den Juden keine Eßwaren kaufen solle, und warne ich alle meine guten Patrioten, die Baumöl [Olivenöl] haben müssen, allzeit Achtung darauf zu geben, ob das Öl schon grün und wohl flüssig oder gelb und zähe sei. Ist es schön grün, wohlriechend und fließend, so ist es gar recht, sieht es aber gelb, dick und gestockt aus und hat keinen lieblichen scharfen Geruch, so ist es ein Öl, in welchem ist gebadet worden ... Die listigste Betrügerei ist die Verfälschung der Limonen, Zitronen und Pomeranzen; ... In diesem sind abermals die Juden Meister und Künstler, indem sie die Zitronen, Pomeranzen und Limonen mit einer subtilen Nadel durchstechen und den Saft herauszulangen wissen, hernach solche wieder in einen ... mit Wasser vermischten Essig legen, damit sich wiederum Saft dahinein ziehe. Wann aber dergleichen Zitronen aufgeschnitten werden, so findet man sie inwendig verwelkt und kraftlos. Man kennt sie auch wohl ohnedem äußerlich an der sehr bleichen Farbe, und so man sie drückt, sind sie ziemlich locker und welk und geben den eingesoffenen Saft von sich.

Johann Jakob Schudt, Jüdische Merckwürdigkeiten, Frankfurt 1742, S. 60—62

2. Die Emanzipation und ihre Gegner

4 Christian Wilhelm K. von Dohm, Staatsmann und Schriftsteller: Die rechtliche Gleichstellung der Juden, 1781

Ich kann es zugeben, daß die Juden sittlich verdorbener sein mögen als andere Nationen; daß sie sich einer verhältnismäßig größeren Zahl von Vergehungen schuldig machen als die Christen; daß ihr Charakter im ganzen mehr zu Wucher und Hintergehung im Handel gestimmt, ihr Religionsvorurteil trennender und ungeselliger sei; aber ich muß hinzusetzen, daß diese einmal vorausgesetzte größere Verdorbenheit der Juden eine notwendige und natürliche Folge der drückenden Verfassung ist, in der sie sich seit so vielen Jahrhunderten befinden. Eine ruhige und unparteiische Erwägung wird an der Richtigkeit dieser Behauptung nicht zweifeln lassen. Der harte und drückende Zustand, in welchem die Juden fast allenthalben leben, würde auch noch eine viel größere Verderbtheit derselben als die, welcher man sie mit Wahrheit beschuldigen kann, wenn nicht rechtfertigen, doch erklären. Sehr natürlich wird durch denselben der Geist des Juden, der edlen Gefühle entwöhnt, in den niederen Geschäften des täglichen kümmerlichen Erwerbs versinken. Die mannigfachen Arten von Drückung und Verachtung, die er erfährt, müssen natürlich seine Tätigkeit niederschlagen und jede Empfindung von Ehre in seiner Brust ersticken. Da ihm fast kein ehrliches Mittel, sich zu ernähren, übriggelassen, so ist es natürlich, daß er zu Betrug und Hintergehung herabsinkt, zu denen ohnedem der Handel mehr als andere Arten des Erwerbs zu verführen pflegt. Wie darf man sich wundern, daß der Jude an Gesetze, die ihm kaum das Dasein gestatten, nur dann sich gebunden glaubt, wenn er sie nicht ungestraft übertreten würde? Wie kann man von ihm willigen Gehorsam und Liebe eines Staats fordern, in dem er sich nur insoweit geduldet sieht, als er im Stande ist, Abgaben zu entrichten? Wie wundert man sich über seinen Haß einer Nation, die ihm so viele und so empfindliche Beweise des ihrigen gibt? Wie kann man Tugend von ihm erwarten, wenn man ihm keine zutraut? Wie ihm Vergehungen vorwerfen, die man ihn zwingt zu begehen, da man ihm keinen schuldlosen Erwerb gestattet, ihn mit Abgaben unterdrückt und ihm nichts übrigläßt, um für die Erziehung und sittliche Bildung seiner Jugend zu sorgen. Alles, was man den Juden vorwirft, ist durch die politische Verfassung, in der sie jetzt leben, bewirkt, und jede andere Menschengattung, in dieselben Umstände versetzt, würde sich sicher ebenderselben Vergehungen schuldig machen . . .

Wir sind der Vergehungen schuldig, deren wir [die Juden] anklagen; und die sittliche Verderbtheit, in welche diese unglückliche Nation jetzt durch eine fehlerhafte Politik versunken ist, kann kein Grund sein, die fernere Fortdauer der letzteren zu rechtfertigen.

Diese Politik ist ein Überbleibsel der Barbarei der verflossenen Jahrhunderte, eine Wirkung des fanatischen Religionshasses, die der Aufklärung unserer Zeiten unwürdig, durch dieselbe längst hätte getilgt werden sollen.

Christian Wilhelm K. von Dohm, Über die bürgerliche Verbesserung der Juden, Bd. 1, Berlin/Stettin 1781 (Neudr. Hildesheim 1973), S. 34—39

5 Johann David Michaelis, Professor für protestantische Theologie: Gegen die rechtliche Gleichstellung der Juden – eine Antwort an Dohm, 1783

Aber nun folgt mein einer Hauptzweifel. Herrn D[ohms] Vorschlag, den Juden, noch dazu den armen Juden, die nicht einmal Geld in das Land bringen, völlig gleiche Bürgerrechte mit uns zu geben und ihnen alle Gewerbe, Ackerbau, Handwerker u.s.f. zu öffnen, wäre zwar für sie Wohltat, könnte aber den Staat äußerst ohnmächtig machen, selbst in dem eben nicht zu erwartenden Fall, wenn die Juden Geld und Reichtümer entweder unmittelbar hineinbrächten oder doch in der Folge der Zeit hineinzögen. Die Macht des Staats beruht nicht bloß auf Gold und Silber, sondern zur weit größeren Hälfte auf Arm und Bein, auf Soldaten, und die kann man aus dem jüdischen Volk, solange es nicht seine jetzigen Religionsgedanken geändert hat, nicht haben: dies aus mehreren Ursachen, die erste, weil sie des Sabbats nicht fechten, wenigstens nicht unangegriffen fechten dürfen. Die Juden vermehren sich, wenn es nicht verhindert wird, ausnehmend; einige Ursachen davon sind in die Augen fallend, ihre frühen Heiraten und die Pflicht von Eltern und Brotherren, für frühe Heiraten der Kinder und des treuen Gesindes zu sorgen . . .
Aber das Schlimmere ist ,die deutschen Bürger möchten gar beim Zunehmen der neuen jüdischen abnehmen und verdrängt werden, denn unsere Handwerksburschen und Bauern heiraten nicht so früh wie Juden, die bei angewöhnter Armut auch mit sehr wenigem zufrieden sind, bald würden also die Juden immer mehr von den Handwerkern in dem Lande der Nationalisation an sich bringen und die Söhne der deutschen Handwerker entweder noch länger unverheiratet bleiben oder sich in auswärtigen Ländern setzen müssen . . . Dazu kommt noch, daß bei schweren Kriegen, wie der von 1756–1763 für die Preußischen Staaten war, die Söhne des Bauern und Bürgers Soldaten werden müssen; in einem solchen Kriege würde der mit Kriegsdiensten verschonte Jude sich sehr ausbreiten, und fast lauter jüdische Handwerker würde man am Ende des Krieges sehen. Stände gar den Juden frei, Äcker oder adlige Güter an sich zu kaufen, und reiche Juden, die in anderen Ländern nicht dergleichen Rechte hätten, wünschten ihr Geld anzulegen, so würden sie unsere Deutschen auskaufen, und dann hätten wir den wehrlosesten verächtlichsten Judenstaat.

Michaelis' Beurteilung, abgedruckt in: Dohm, Über die bürgerliche Verbesserung der Juden, Bd. 2, Berlin/Stettin 1783 (Neudr. Hildesheim 1973), S. 43—46

Abb. 2: Moses Mendelssohn (links) und sein Freund Gotthold Ephraim Lessing (stehend) im Gespräch mit Johann Kaspar Lavater (rechts). Holzschnitt von 1856 nach einem Gemälde von Moritz Oppenheim. Der philosophisch-theologische Schriftsteller Lavater fordert Mendelssohn, einen der führenden Philosophen der Aufklärung und Vorkämpfer der Judenemanzipation, dazu auf, entweder zum Christentum überzutreten oder die These von der Überlegenheit des christlichen gegenüber dem jüdischen Glauben zu widerlegen. Mendelssohn lehnt diese Herausforderung ab.

Moses Mendelssohn, Philosoph: Wie das antijüdische Vorurteil die Gestalten aller Jahrhunderte annimmt, 1783 6

Merkwürdig ist es, zu sehen, wie das Vorurteil die Gestalten aller Jahrhunderte annimmt, uns [die Juden] zu unterdrücken und unserer bürgerlichen Aufnahme Schwierigkeiten entgegenzusetzen. In jenen abergläubischen Zeiten waren es Heiligtümer, die wir aus Mutwillen schänden, Crucifixe, die wir durchstechen und bluten machen; Kinder, die wir heimlich beschneiden und zur Augenweide zerfetzen; Christenblut, das wir zur Osterfeier brauchen; Brunnen, die wir vergiften usw.; Unglaube, Verstocktheit, geheime Künste und Teufeleien, die uns vorgeworfen, um derentwillen wir gemartert, unseres Vermögens beraubt, ins Elend gejagt, wo nicht gar hingerichtet worden sind. Jetzt haben die Zeiten sich geändert, die Verleumdungen machen den erwünschten Eindruck nicht mehr. Jetzt ist es gerade Aberglaube und Dummheit, die uns vorgerückt [vorgeworfen] werden; Mangel an moralischem Gefühl, Geschmack und feinen Sitten, Unfähigkeit zu Künsten, Wissenschaften und nützlichen Gewerben, hauptsächlich zu Diensten des Krieges und des Staates, unüberwindliche Neigung zu Betrug, Wucher und Gesetzlosigkeit, die an die Stelle jener gröberen Beschuldigung getreten sind, uns von der Anzahl nützlicher Bürger auszuschließen und aus dem mütterlichen Schoße des Staates zu verstoßen. Vormals gab man sich um uns alle ersinnliche Mühe, und machte mancherlei Vorkehrungen, uns nicht zu nützlichen Bürgern, sondern zu Christen zu machen, und da wir so hartnäckig und verstockt waren, uns nicht bekehren zu lassen, so war dieses Grund genug, uns als eine unnütze Last der Erde zu betrachten und dem verworfenen Scheusal alle Greuel anzudichten, die ihn dem Hasse und der Verachtung aller Menschen bloßstellen konnten. Jetzt hat der Bekehrungseifer nachgelassen. Nun werden wir vollends vernachlässigt. Man fährt fort, uns von allen Künsten, Wissenschaften und anderen nützlichen Gewerben und Beschäftigungen der Menschen zu entfernen; versperrt uns alle Wege zur nützlichen Verbesserung, und macht den Mangel an Kultur zum Grunde unserer ferneren Unterdrückung. Man bindet uns die Hände und macht uns zum Vorwurf, daß wir sie nicht gebrauchen.

Moses Mendelssohn, Vorrede zu Manasse ben Israel, Rettung der Juden, in: Moses Mendelssohn sämmtliche Werke, Zweiter Theil, Rödelheim 1828, S. 12—14

7 Johann Gottlieb Fichte, Philosoph: Lehnt Bürgerrechte für Juden ab, 1793

Fast durch alle Länder von Europa verbreitet sich ein mächtiger, feindselig gesinnter Staat, der mit allen übrigen im beständigen Kriege steht und der in manchen fürchterlich schwer auf die Bürger drückt; es ist das Judentum. Ich glaube nicht, und ich hoffe, es in der Folge darzutun, daß dasselbe dadurch, daß es einen abgesonderten und so fest verketteten Staat bildet, sondern dadurch, daß dieser Staat auf den Haß des ganzen menschlichen Geschlechts aufgebaut ist, so fürchterlich werde. Von einem Volke, dessen Geringster seine Ahnen höher hinaufführt als wir anderen alle unsere Geschichte ... das in allen Völkern die Nachkommen derer erblickt, welche sie aus ihrem schwärmerisch geliebten Vaterlande vertrieben haben; das sich zu dem den Körper erschlaffenden und den Geist für jedes edle Gefühl tötenden Kleinhandel verdammt hat und ver-

dammt wird; das durch das Bindendste, was die Menschheit hat, durch seine Religion, von unseren Mahlen, von unserem Freudenbecher und von dem süßen Tausche des Frohsinns mit uns von Herz zu Herzen ausgeschlossen ist; das bis in seinen Pflichten und Rechten und bis in der Seele des Allvaters uns andere alle von sich absondert, – von so einem Volke sollte sich etwas anderes erwarten lassen, als was wir sehen, daß in einem Staate, wo der unumschränkte König mir meine väterliche Hütte nicht nehmen darf und wo ich gegen den allmächtigen Minister mein Recht erhalte, der erste Jude, dem es gefällt, mich ungestraft ausplündert. Dies alles seht ihr mit an und könnt es nicht leugnen und redet zuckersüße Worte von Toleranz und Menschenrechten und Bürgerrechten, indes ihr in uns die ersten Menschenrechte kränkt . . .
Menschenrechte müssen sie haben, ob sie gleich uns dieselben nicht zugestehen; denn sie *sind* Menschen, und ihre Ungerechtigkeit berechtigt uns nicht, ihnen gleich zu werden . . . Aber ihnen Bürgerrechte zu geben, dazu sehe ich wenigstens kein Mittel als das, in einer Nacht ihnen allen die Köpfe abzuschneiden und andere aufzusetzen, in denen auch nicht eine jüdische Idee sei. Um uns vor ihnen zu schützen, dazu sehe ich wieder kein anderes Mittel, als ihnen ihr gelobtes Land zu erobern und sie alle dahin zu schicken.

Johann Gottlieb Fichte, Beiträge zur Berichtigung der Urteile des Publikums über die Französische Revolution, 1793, aus: Gesamtausgabe der Bayerischen Akademie der Wissenschaften, hrsg. von Reinhard Lauth und Hans Jacob, Bd. 1, Stuttgart-Bad Cannstatt 1964, S. 292 f.

8 Ein wichtiger Schritt auf dem Wege zur rechtlichen Gleichstellung der Juden: Das preußische Emanzipationsedikt vom 11. März 1812

§. 1. Die in Unseren [des preußischen Königs] Staaten jetzt wohnhaften, mit General-Privilegien, Naturalisations-Patenten, Schutzbriefen und Konzessionen versehenen Juden und deren Familien sind für Einländer und Preußische Staatsbürger zu achten.
§. 2. Die Fortdauer dieser ihnen beigelegten Eigenschaft als Einländer und Staatsbürger wird aber nur unter der Verpflichtung gestattet:
daß sie fest bestimmte Familien-Namen führen und daß sie nicht nur bei Führung ihrer Handelsbücher, sondern auch bei Abfassung ihrer Verträge und rechtlichen Willens-Erklärungen der deutschen oder einer anderen lebenden Sprache und bei ihren Namens-Unterschriften keiner anderen als deutscher oder lateinischer Schriftzüge sich bedienen sollen.
§. 3. Binnen sechs Monaten, von dem Tage der Publikation dieses Edikts an gerechnet, muß ein jeder geschützte oder konzessionierte Jude vor der Obrigkeit seines Wohnorts sich erklären, welchen Familien-Namen er beständig führen will. Mit diesem Namen ist er sowohl in öffentlichen Verhandlungen und Ausfertigungen als im gemeinen Leben, gleich einem jeden anderen Staatsbürger, zu benennen . . .

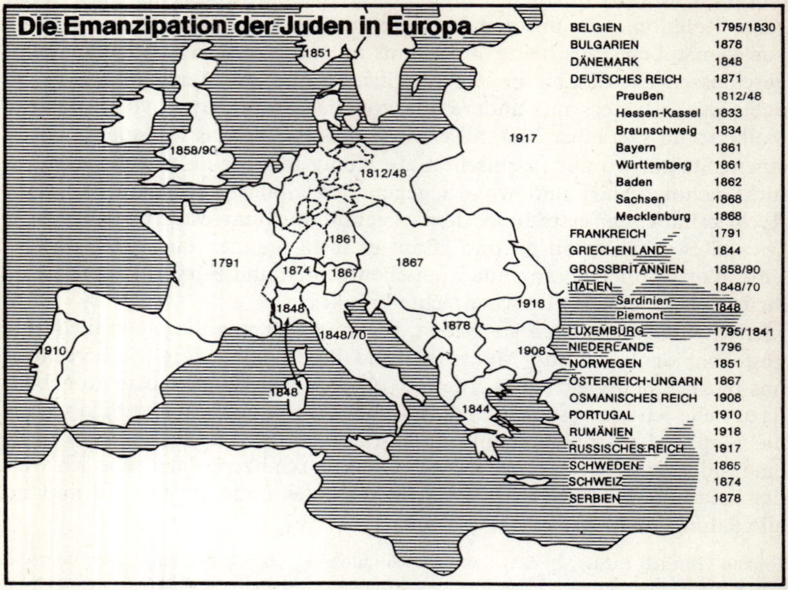

Abb. 3: Die rechtliche Gleichstellung der Juden in Europa. In der deutschen Staatenwelt erstreckte sich die Judenemanzipation über einen längeren Zeitraum. Der Prozeß schritt in den einzelnen Staaten uneinheitlich und ungleichmäßig voran. 1807 wurde unter napoleonischem Einfluß im Königreich Westfalen das erste Emanzipationsedikt auf deutschem Boden erlassen. Preußen folgte 1812 nach. Andere deutsche Staaten wie Bayern, Baden und Württemberg lockerten nach und nach die diskriminierenden Rechtsbestimmungen für Juden. Endgültig zum Abschluß gelangte die Emanzipation erst 1871 mit der Gründung des Deutschen Reiches.

§. 6. Diejenigen Juden, welche den Vorschriften §. 2 und 3 zuwiderhandeln, sollen als fremde Juden angesehen und behandelt werden.

§. 7. Die für Einländer zu achtenden Juden hingegen sollen, insofern diese Verordnung nichts Abweichendes enthält, gleiche bürgerliche Rechte und Freiheiten mit den Christen genießen.

§. 8. Sie können daher akademische Lehr- und Schul-, auch Gemeinde-Ämter, zu welchen sie sich geschickt gemacht haben, verwalten.

§. 9. Inwiefern die Juden zu anderen öffentlichen Bedienungen und Staats-Ämtern zugelassen werden können, behalten Wir Uns vor, in der Folge der Zeit gesetzlich zu bestimmen.

§. 10. Es steht ihnen frei, in Städten sowohl als auf dem platten Lande sich niederzulassen.

§. 11. Sie können Grundstücke jeder Art, gleich den christlichen Einwohnern, erwerben, auch alle erlaubten Gewerbe mit Beobachtung der allgemeinen gesetzlichen Vorschriften treiben.
§. 12. Zu der aus dem Staatsbürgerrechte fließenden Gewerbefreiheit gehört auch der Handel.
§. 13. Den auf dem platten Lande wohnenden Juden und ihren Angehörigen steht nur frei, denjenigen Handel zu treiben, der den übrigen Bewohnern desselben gestattet ist.
§. 14. Mit besonderen Abgaben dürfen die einländischen Juden, als solche, nicht beschwert werden.
§. 15. Sie sind aber gehalten, alle den Christen gegen den Staat und die Gemeinde ihres Wohnorts obliegenden bürgerlichen Pflichten zu erfüllen und, mit Ausnahme der Stol-Gebühren [3], gleiche Lasten wie andere Staatsbürger zu tragen.
§. 16. Der Militär-Konskription oder Kantonpflichtigkeit und den damit in Verbindung stehenden besonderen gesetzlichen Vorschriften sind die einländischen Juden gleichfalls unterworfen . . .
§. 17. Ehebündnisse können einländische Juden unter sich schließen, ohne hierzu einer besonderen Genehmigung oder der Lösung eines Trauscheins zu bedürfen, insofern nicht nach allgemeinen Vorschriften die von anderen abhängige Einwilligung oder Erlaubnis zur Ehe überhaupt erforderlich ist.
§. 18. Eben dieses findet statt, wenn ein einländischer Jude eine ausländische Jüdin heiratet.
§. 19. Durch die Heirat mit einer einländischen Jüdin erlangt aber kein fremder Jude das Recht, in hiesige Staaten sich niederzulassen . . .

Preußische Gesetz-Sammlung 1812, S. 17

Jakob Friedrich Fries, Professor der Philosophie: Die Gefährdung der Deutschen durch die Juden, 1816 **9**

Hier begegnet uns nun schon, abgesehen von Religion, Staat und Gewerbe, der bloßen Abstammung nach, der erste große Fehler der Judenschaft. Sie existieren seit Jahrtausenden zwischen allen anderen Völkern der Erde, die nur so weit kultiviert sind, daß man durch Schacher bei ihnen reich werden kann, nur dadurch, daß sie nur unter sich heiraten und auf diese Art ihre Rasse rein erhalten . . .
Wir sprechen zweitens von den Juden als Religionspartei. Die Juden lassen sich am liebsten hiernach Bürger des mosaischen Glaubens nennen, machen diese Religionssache zur Hauptsache und stützen sich dann auf

[3] Gebühren, die dem Pfarrer für bestimmte Amtshandlungen, bei denen er die Stola trägt, zu entrichten sind.

Duldsamkeit und Gewissensfreiheit, um ihre Ansprüche an gleiche Bürgerrechte mit anderen Religionsparteien in Anspruch zu nehmen ...
[Die jüdische Religion] *sollte nicht geduldet* werden aus drei Gründen, 1. weil schon nach echt mosaischer Lehre Jehovah ein bloßer Nationalgott der Juden ist; sie sind allein das Volk Gottes, alle anderen Völker sind bloße Goim und nicht ihresgleichen; 2. weil die Juden gar nicht nach der mosaischen Lehre lehren und leben, sondern nach dem Talmud; 3. weil ihre angebliche Religion gar nicht nur positive Religionsform ist, sondern untrennbar verwachsen mit einer theokratischen Staatsverfassung ...
Der Form nach ist die Gesellschaft dem strengsten aristokratischen Despotismus der Rabbiner unterworfen. Diese sind Gelehrte, Priester und Adel zugleich, ihre Herrschaft also echter Geistes-Despotismus. Dabei aber ihre ganze Gelehrsamkeit geistlose Abgeschmacktheit, so daß sich ihr Unvermögen, besser zu lehren mit ihrem Interesse verbindet, um das Volk immerwährend in seinem Schmutz und seiner Dummheit zu erhalten. Diese Rabbinerherrschaft ist der nächste Grund der Grundverdorbenheit und Unverbesserlichkeit der ganzen Gesellschaft, ohne deren Zerstörung sie nie würdig werden können, freien Männern an die Seite zu treten.
Hiermit würde die jüdische Gesellschaft nur sich selbst im Elend und in der Rohheit erhalten, wenn nicht noch, um das Unglück vollzumachen, dazu käme, daß diese politische Gesellschaft eine über die ganze Erde verbreitete Mäkler-, Krämer- und Trödlerkaste ist ... Wollen wir über den Einfluß und die Schädlichkeit der Judenschaft urteilen, so ist dies die Hauptsache ...
Höchst verderblich ist ihr Einfluß auf den Wohlstand des Landvolks, wenn man ihnen erlaubt, sich dort einzuschleichen. Sie lauern jede Gelegenheit ab, wo sie die Leute zum Schuldenmachen verführen können und bringen so die vorher ruhigen Familien in Unruhe und endlich ins Verderben. Reiche Juden hängen sich an jeden unbesonnenen reichen jungen Mann und bringen ihn leicht in solche Geldverlegenheiten, daß wenn er in besonnenen Jahren in Staatsgeschäfte tritt, dieses Gesindel überall hindernd an ihm hängt und ihn beschränkt.
So hat die Judenkaste, wo sie zugelassen wird, auf das ganze Volk, oben wie unten, auf hohe und niedere eine fürchterliche demoralisierende Kraft. Das ist also das wichtigste Moment in dieser Sache, *daß diese Kaste mit Stumpf und Stiel ausgerottet werde, indem sie offenbar unter allen geheimen und öffentlichen politischen Gesellschaften und Staaten im Staat die gefährlichste ist.*

Jakob Friedrich Fries, Über die Gefährdung des Wohlstandes und Charakters der Deutschen durch die Juden, Heidelberg 1916, S. 12—18

(133)

Sammlung von Gesetzen ꝛc.

für Kurhessen.

Jahr 1848. — Nr. XXVII. — October.

Gesetz

vom 29sten October 1848,

die Religionsfreiheit und die Einführung der bürgerlichen Ehe betreffend.

Von Gottes Gnaden Wir Friedrich Wilhelm der Iste, Kurfürst ꝛc. ꝛc.

erlassen, zur Vollziehung der §. §. 29 und 30 der Verfassungs-Urkunde und der in Unserer Verkündigung vom 11ten März d. J. gegebenen Zusicherung vollständiger Religions- und Gewissens-Freiheit und deren Ausübung, nach Anhörung Unseres Gesammt-Staatsministeriums und mit Zustimmung der getreuen Landstände das nachstehende Gesetz:

I. Von der Bekenntniß- und Glaubens-Freiheit.

§. 1.

Einem Jeden stehet vollkommene Freiheit des Gewissens und der Religionsübung zu. Diese umfaßt sowohl die vollständige Freiheit der religiösen Ueberzeugung und des Glaubensbekenntnisses, als auch das Recht zur freien Vereinigung behufs gemeinsamer Gottesverehrung und zu Gründung von Religionsgesellschaften.

Jedoch darf die Religion nie als Vorwand gebraucht werden, um sich irgend einer gesetzlichen Verbindlichkeit zu entziehen.

Niemand ist verpflichtet, sich irgend einer religiösen Genossenschaft anzuschließen und niemand soll zu einer kirchlichen Handlung gezwungen werden.

§. 2.

Die Ausübung aller bürgerlichen und staatsbürgerlichen Rechte, insbesondere die Bekleidung von Staats- und Gemeinde-Aemtern ist von dem Glaubensbekenntnisse unabhängig.

Die Fähigkeit zu Kirchen-Aemtern, und zu Stellen, mit welchen ein Religionsunterricht verbunden ist, bleiben durch die Angehörigkeit zu der betreffenden Kirche oder Religionsgesellschaft bedingt.

§. 3.

Der eheliche Vater und nach dessen Ableben die Mutter, sowie bei unehelichen Kindern die Mutter, hat zu bestimmen, welchem Glaubensbekenntnisse das Kind angehören soll. Erfolgt eine solche Bestimmung, so ist sie dem Ortsvorstande anzuzeigen, andernfalls folgen die Kinder dem Bekenntnisse des Vaters, beziehungsweise der unehelichen Mutter.

Verträge und Verabredungen jeglicher Art, wodurch der Vater, beziehungsweise die Mutter des oben zugestandenen Rechtes sich begiebt, oder dasselbe beschränkt, sind rechtlich unwirksam.

§. 4.

Die Befugniß zum Wechsel des Glaubensbekenntnisses tritt mit zurückgelegtem achtzehnten Lebensjahre ein.

Die Wirksamkeit der Aenderung des Glaubensbekenntnisses ist jedoch von einer Anzeige über den Austritt bei dem Pfarrer oder dem sonstigen geistlichen Beamten, welcher für den Ausscheidenden nach dessen bisherigem Bekenntnisse zuständig war, abhängig.

(Ausgegeben zu Cassel am 31sten October 1848.)

Abb. 4: Auszug aus dem kurhessischen Gesetz über die Religionsfreiheit und die Einführung der bürgerlichen Ehe vom 29. Oktober 1848.

Abb. 5: „Wai geschrieen, Joel, was hast de gemacht mit dein Bart?!“ – „As mer doch soll wern emancipiert am ganzen Laib, hob' derweil emancipiert mei Gesicht!“ – Jüdische Selbstironie auf die Emanzipation. Düsseldorfer Monatshefte 1848.

3. Das antisemitische Judenbild in Literatur und Karikatur

10 Gustav Freytag, Kulturhistoriker und Schriftsteller: Soll und Haben, 1855

Durch eine Öffnung des Parkes sah Anton das Schloß vor sich liegen, hoch und vornehm ragte es über die Ebene. Lustig flatterte die Fahne auf dem Türmchen, und kräftig glänzte im Sonnenschein das Grün der Schlingpflanzen, welche den braunen Stein der Mauern überzogen.

„So fest, so edel!“ sagte Anton vor sich hin.

„Wenn du diesem Baron aufzählst hunderttausend Talerstücke, wird er dir doch nicht geben sein Gut, was er geerbt von seinem Vater“, sprach eine scharfe Stimme hinter Antons Rücken. Dieser wandte sich zornig um, das Zauberbild verschwand, er stand in dem Staube der großen Landstraße. Neben ihm lehnte an einem Weidenstamm ein junger Bursche in ärmlichem Aufzuge, welcher ein kleines Bündel unter dem Arme hielt und mit ruhiger Unverschämtheit unsern Helden anstarrte.

„Bist du's, Veitel Itzig!“ rief Anton, ohne große Freude über die Zusammenkunft zu verraten. Junker Itzig war keine auffallend schöne Erscheinung; hager, bleich, mit rötlichem krausen Haar, in einer alten Jacke und defekten Beinkleidern sah er so aus, daß er einem Gendarmen ungleich interessanter sein mußte als andern Reisenden. Er war aus Ostrau, ein Kamerad Antons von der Bürgerschule her. Anton hatte in früherer Zeit

Gelegenheit gehabt, durch tapferen Gebrauch seiner Zunge und seiner kleinen Fäuste den Judenknaben vor Mißhandlungen mutwilliger Schüler zu bewahren und sich das Selbstgefühl eines Beschützers der unterdrückten Unschuld zu verschaffen. Namentlich einmal in einer düstern Schulszene, in welcher ein Knackwürstchen benutzt wurde, um verzweifelte Empfindungen in Itzig hervorzurufen, hatte Anton so wacker für Itzig plädiert, daß er selbst ein Loch im Kopfe davontrug, während seine Gegner weinend und blutrünstig hinter die Kirche rannten und selbst die Knackwurst aufaßen. Seit diesem Tage hatte Itzig eine gewisse Anhänglichkeit an Anton gezeigt, welche er dadurch bewies, daß er sich bei schweren Aufgaben von seinem Beschützer helfen ließ und gelegentlich ein Stück von Antons Buttersemmel zu erobern wußte; Anton aber hatte den unliebenswürdigen Burschen gern geduldet, weil ihm wohltat, einen Schützling zu haben, wenn dieser auch im Verdacht stand, Schreibfedern zu mausen und später an Begüterte wieder zu verkaufen. In den letzten Jahren hatten die jungen Leute einander wenig gesehen, gerade so oft, daß Itzig Gelegenheit erhielt, die vertraulichen Formen des Schulverkehrs durch gelegentliche Anreden und kleine Spöttereien aufzufrischen.

„Die Leute sagen, daß du gehst nach der großen Stadt, um zu lernen das Geschäft", fuhr Veitel fort. „Du wirst lernen, wie man Tüten dreht und Sirup verkauft an die alten Weiber; ich gehe auch nach der Stadt, ich will machen mein Glück."

Anton antwortete unwillig über die freche Rede und über das vertrauliche Du, das der Kamerad aus der Elementarschule immer noch gegen ihn wagte: „So gehe deinem Glück nach und halte dich nicht bei mir auf."

„Es hat keine Eil'", entgegnete Veitel nachlässig, „ich will warten, bis auch du gehst, wenn dir meine Kleider nicht sind zu schlecht." Diese Berufung auf Antons Humanität hatte die Folge, daß Anton sich schweigend die Gegenwart des unwillkommenen Gefährten gefallen ließ. Er warf noch einen Blick nach dem Schlosse und schritt dann stumm auf der Landstraße fort, Itzig immer einen halben Schritt hinter ihm. Endlich wandte sich Anton um und fragte nach dem Eigentümer des Schlosses.

Wenn Veitel Itzig nicht ein Hausfreund des Gutsbesitzers war, so mußte er doch zum wenigsten ein vertrauter Freund seines Pferdejungen sein; denn er war bekannt mit vielen Verhältnissen des Freiherrn, der in dem Schlosse wohnte. Er berichtete, daß der Baron nur zwei Kinder habe, dagegen eine ausgezeichnete Schafherde auf einem großen schuldenfreien Gut. Der Sohn sei auswärts auf einer Schule. Als Anton mit lebhaftem Interesse zuhörte und dies durch seine Fragen verriet, sagte Itzig endlich: „Wenn du willst haben das Gut von diesem Baron, ich will dir's kaufen."

„Ich danke", antwortete Anton kalt; „er würde es nicht verkaufen, hast du mir eben gesagt."

„Wenn einer nicht will verkaufen, muß man ihn dazu zwingen", rief Itzig.
„Du bist der Mann dazu", sprach Anton.
„Ob ich bin der Mann, oder ob es ist ein anderer: es ist doch zu machen, daß man kauft von jedem Menschen, was er hat. Es gibt ein Rezept, durch das man kann zwingen einen jeden, von dem man etwas will, auch wenn er nicht will." ...
„... ich werde finden das Rezept. Und wenn du haben willst das Gut des Barons, und seine Pferde und Kühe und seinen bunten Vogel, und den Backfisch, seine Tochter, so will ich dir's schaffen aus alter Freundschaft ..."
Anton war entrüstet über die Frechheit seines Gefährten. „Hüte dich nur, daß du kein Schuft wirst, du scheinst mir auf gutem Wege zu sein", sagte er zornig und ging auf die andere Seite der Straße.

Gustav Freytag, Soll und Haben. Roman in 6 Büchern, Berlin o. J., S. 17 f.

Abb. 6: Wilhelm Busch, Dichter, Zeichner und Maler: Plisch und Plum 1882:
Kurz die Hose, lang der Rock,
Krumm die Nase und der Stock,
Augen schwarz und Seele grau,
Hut nach hinten, Miene schlau –
So ist Schmulchen Schievelbeiner.
(Schöner ist doch unsereiner!)

Wilhelm Raabe, Erzähler: Der Hungerpastor, 1864 **11**

Der Vater Freudenstein hatte eine gewaltige Achtung vor den Wissenschaften, eine fast ebenso große Achtung wie weiland der arme Anton Unwirrsch. Doch wenn dieser sie um ihrer selbst willen einst verehrte, so schätzte jener sie, weil er darin den Talisman glaubte gefunden zu haben, der zugleich mit dem Gelde ein Schild und eine Waffe sei für sein immer noch ob seiner und der Väter Sünden so vielfach bedrängtes und zurückgesetztes Volk. Das Leben, welches dem Manne so arg mitgespielt hatte, hatte ihm immer von neuem diese Lehre vor die Augen gerückt, und wie der Meister Anton beschloß er, seinen Sohn mit diesen mächtigen Verteidigungs- und Angriffswaffen genügend auszurüsten. Wie Anton Unwirrsch wollte er seinem Sohn den Weg durch die Welt freier machen, als er selbst ihn gefunden hatte; wie Anton Unwirrsch lebte er seit der Geburt seines Kindes nur in der Zukunft desselben. „Lerne, daß dir schwitzet der Kopf, Moses", sagte er, sobald der Knabe nur irgend imstande war, ihn zu verstehen. „Wenn se dir hinhalten an Stück Kuchen und an Buch, so laß den Kuchen und nimm das Buch. Wenn du was kannst, kannste dich wehren, brauchste dich nicht lassen zu treten, kannste an großer Mann werden und brauchst dich zu fürchten vor keinem, und den Kuchen wirst du auch dazu bekommen. Se werden dir ihn geben müssen, ob se wollen oder nicht."

Moses Freudenstein öffnete bei solcher Ermahnung die funkelnden Augen sehr weit und kniff sie dann zu und fragte wohl: „Und ich brauch, wenn ich lern, mich nicht lassen zu schimpfen und schlagen in der Gaß? Ich kann's ihnen heimzahlen, was sie mir tun, brauch mich nicht zu verkriechen vor ihnen?"

„Wenn du hast Kunst und wenn du hast Geld, kannst du sie stecken alle in den Sack. Und wenn du jetzt sitzest im Winkel, kannst du denken: du bist die Katz, und die Mäus tanzen vor dir und pfeifen dir zum Hohn. Laß sie pfeifen und lern; wenn der jungen Katz sind gewachsen die Krallen, kann sie spielen mit der Maus, und die Maus hat das Schlimmste davon."

„So will ich sitzen im Dunkeln und will lernen alles, was es gibt, und wenn ich alles weiß und habe das Geld, so will ich es ihnen in der Gasse vergelten, was sie mir tun."

„Ich will dir helfen, zu kriegen das Geld!" sagte der Vater, und die alte Haushälterin in der Ecke kicherte und rieb sich die Hände und murmelte Segnungen und Flüche zu gleicher Zeit, jene über ihren Brotherrn, sein Kind und sein Haus, diese über die Stadt Neustadt und die Kröppelstraße samt allem, was dran und drum hing ...

Einen flüchtigen Blick haben wir bereits in das Hinterstübchen des Trödlerhauses geworfen; jetzt müssen wir uns näher damit bekannt machen. Es war so dunkel, wie man es nur von einem Gemach, das auf einen so schmutzigen und dunklen Hof hinaussah, erwarten konnte. Feuchte Mauern sperrten jeden frischen Hauch von seinen niederen Fenstern ab, und der Sonnenschein war wirklich künstlich ausgeschlossen von dem Baumeister, der im angenehmen Mittelalter sicher Wirklicher Geheimer Verliesbaurat geworden wäre. Den dunkelsten Winkel in diesem Gemach nahm die alte Haushälterin ein; auf der Grenze zwischen Nacht und Dämmerung stand der Tisch und Sessel des Vaters Samuel, und in der Dämmerung des Fensters stand Moses' Tisch und Stuhl. Die schwarzen Haare zerwühlend, saß hier Moses, immer mehr beschäftigt, die bunte Mannigfaltigkeit des Lebens aufzulösen und sie in die Fächer einer unbarmherzigen Logik zu ordnen. Je mehr Wissen er aufhäufte, desto kälter wurde sein Herz; mit höhnischem Spott erdrosselte er den letzten Rest warmer Phantasie, der ihm geblieben war. Nicht Werkzeug zum Nutzen und Genuß für sich und die Welt schuf er; Waffen, nur Waffen gegen die Welt schmiedete er, und keinen Augenblick der Ruhe, des Atemholens gönnte er sich bei der Arbeit.

Der alte Vater rieb hinter seinem Geldkasten frohlockend die knöchernen Hände, wenn er auf seinen Sohn blickte.

„Er wird seinen Weg gehen", murmelte er. „Er wird herausbrechen wie das Licht und wird seinen Rücken nicht beugen, wenn die rechte Zeit gekommen ist. Ich werde es erleben, daß die Gojim sich vor ihm neigen; Gott Abrahams, ich werde sitzen im Dunkeln, aber mein Herz wird lachen und sich freuen!"

Der Vater Samuel hatte seine Phantasie nicht ertötet wie Moses; sie trug ihn auch hoch hinauf, sie trug ihn weit hinaus über seine verborgene, gedrückte, dunkle Existenz, kosend wiegte sie ihn in den Traum und häufte auf das Haupt seines Kindes allen Glanz, alle Würden und Ehren der Welt. Moses Freudenstein verachtete aber seinen „halbkindischen" Vater ganz im stillen sehr, wenn er auch seine Meinung jetzt noch nicht laut äußerte.

Wilhelm Raabe, Der Hungerpastor. Ein Roman, Berlin/Hamburg o. J., S. 54 und S. 78 f.

Carnevals-Bilder.

Costümirter Ball (Tiroler Weinlese) bei'm Commerzienrath Itzig von Itzigstein.

Angenehme Unterbrechung durch das Börsenblatt.

Abb. 7: „Carnevals-Bilder." Karikatur von Adolf Oberländer. Fliegende Blätter, München 1882.

II. Der moderne Antisemitismus im Deutschen Reich

Wenige Jahre nach der Reichsgründung geriet die deutsche Gesellschaft in eine schwere Krise. Der „Gründerkrach“ von 1873 löste eine lang anhaltende wirtschaftliche Depression aus, veränderte die politischen Kräfteverhältnisse und leitete einen tiefgreifenden Wandel des Normen- und Wertesystems ein. Auf allen Gebieten des gesellschaftlichen Lebens ging der Einfluß des Liberalismus zurück. Die innenpolitische Wende von 1878/79 besiegelte das Ende der sogenannten „Liberalen Ära“. In den folgenden Jahren bestimmte politische Repression das Klima. Die Unterdrückung der Sozialdemokratie, die Diskriminierung der nationalen Minderheiten im Reich und der offene Ausbruch einer heftigen Judenfeindschaft brachten den Schwund an Liberalität besonders deutlich zum Ausdruck. Ende der 70er Jahre beschäftigte der Judenhaß wie kaum ein anderes Thema die öffentliche Meinung. In der Reichshauptstadt veranstaltete die sogenannte „Berliner Bewegung“ eine Propagandakampagne für die „Antisemitenpetition“. Fast eine Viertelmillion Unterzeichner forderten unter anderem das Verbot bzw. die Einschränkung der jüdischen Einwanderung, den Ausschluß der Juden von allen Regierungsstellen und Lehrerstellen in Volksschulen, Zulassungsbeschränkungen für Juden in den Gerichten, höheren Schulen und Universitäten. Aus der antisemitischen Stimmung, die sich ausbreitete, versuchten Politiker wie der konservative Hofprediger Adolf Stoecker Kapital zu schlagen. Sie benutzten den Antisemitismus als Mittel zum Zweck. Neben der Christlichsozialen Partei Stoeckers betraten zum erstenmal reine Antisemitenparteien die politische Bühne. Sie sahen im Judentum den eigentlichen Feind des deutschen Volkes und den Urheber der wirtschaftlichen Misere. Es war ihr erklärtes Ziel, den „volksschädlichen und staatsgefährlichen“ Einfluß des „internationalen Judentums“ auf allen Gebieten des öffentlichen, gesellschaftlichen und wirtschaftlichen Lebens mit gesetzlichen Mitteln zu bekämpfen, die Gleichberechtigung wieder rückgängig zu machen und die Juden unter Fremdenrecht zu stellen. Bei der ersten Antisemitenwelle 1878–1882 kamen die reinen Antisemitenparteien über erste Anfänge noch nicht hinaus, bei der zweiten Antisemitenwelle um 1890 errangen sie bereits beachtliche Erfolge und rückten 1893 mit 16 Abgeordneten in den Reichstag ein. Der Rückgang der wirtschaftlichen Krise und die Beruhigung des politischen Klimas ab 1894 stoppte jäh den Aufstieg des Parteienantisemitismus. Während der Antisemitismus auf der politischen Bühne an Anziehungskraft verlor, nahm seine Bedeutung im gesellschaftlichen Bereich zu. So nahmen studentische Organisationen und Jugendbünde, Turn- und Gesangvereine, Berufs- und Interessenverbände antisemitische Grundsätze und Forderungen in ihre Statuten auf und bekundeten offen ihre antijüdische Einstellung. Am Vorabend des Ersten Weltkrieges hatte der Antisemitismus als integrierender Bestandteil einer deutschnationalen Ideologie weiteste Kreise des Bürgertums durchdrungen. Nach der militärischen Niederlage und dem Zusammenbruch des Deutschen Kaiserreichs ging die Saat der völkischen Intoleranz auf. Der Deutschvölkische Schutz- und Trutzbund, Freikorps und rechtsextremistische Geheimorganisationen, die aus der Revolution von 1918/19 hervorgegangen waren, verübten Mord- und Terroranschläge. Zu den Opfern zählten jüdische Mitbürger wie der deutsche Außenminister Walther Rathenau. Er war als Großindustrieller, ehemaliger Organisator der deutschen Kriegswirtschaft und Repräsentant der verhaßten Republik von Weimar eine Symbolfigur des internationalen Judentums, das die Antisemiten für die Niederlage Deutschlands im Ersten Weltkrieg verantwortlich machten.

1. Der politische Antisemitismus im Kaiserreich

Adolf Stoecker, Hofprediger und Politiker: Das Judentum im öffentlichen Leben, eine Gefahr für das Deutsche Reich. Rede, gehalten auf einer christlich-sozialen Parteiversammlung in Berlin am 3. Februar 1882 **12**

Die Judenfrage ist da, überall wo Juden in Gemeinschaft mit anderen Völkern wohnen; sie ist immer und überall, wie der ewige Jude. (Beifall und Heiterkeit.) Es ist ein göttliches Verhängnis über diesem Volke, daß es unstet umherirren soll in der Welt und leiden bis ans Ende der Tage, weil es das Heil nicht erkannt und nicht angenommen hat. Als die Juden Christum kreuzigten, kreuzigten sie sich selbst, ihre Offenbarung wie ihre Geschichte. Gleich Ahasverus [4] ist dieses Volk seitdem verurteilt, umherzuirren und nirgends Ruhe zu finden, bis er sich bekehrt hat. Überall mit Mißtrauen empfangen, wohin es sich wendet, gibt es bald Ursache zur Unzufriedenheit, wo es länger weilt. In England tritt das nicht so stark hervor, weil ganz England zusammen nicht so viele Juden hat wie Berlin allein. Hier kommt auf je zwanzig Christen ein Jude, das ist mehr, als wir vertragen können. Dabei sind die israelitischen Bewohner Berlins im geschäftlichen Leben überall obenauf; hier gibt es verhältnismäßig doppelt so viele jüdische Arbeitgeber als christliche, während die Arbeiter zuallermeist Christen sind. Auf geistigem Gebiete sind sie ebenso stark wie auf materiellem durch ihre Presse. Dieser Einfluß und dieses Übergewicht des Judentums können für unser deutsches Volksleben nimmermehr heilsam sein; wenn wir diese Fremdherrschaft abschütteln wollen, so soll uns niemand daran hindern. (Lebhafter Beifall.) Wir wären wirklich Toren, wenn wir uns von einem Haufen fremden Volkes unser nationales Leben verkümmern ließen.

Endlich, endlich sind wir zu der Einsicht gekommen, daß sich das nicht schickt. Wir wollen unsere Verhältnisse selbst regeln. Die Deutschen sind Idealisten und Träumer; sie schwärmen für allgemeine Menschenrechte, und es muß schon stark kommen, ehe der deutsche Michel aufwacht. Jetzt ist er erwacht und sieht ein, daß es so nicht weitergehen kann. Kein billig Denkender, der die Verhältnisse kennt, wird leugnen können, daß wir zu unserer Abwehr unberechtigten fremden Einflusses und Übergewichts

[4] Name einer Sagengestalt: des Ewigen Juden, der ruhelos in der Welt umherirrt.

nicht nur ein Recht, sondern eine heilige Pflicht haben. (Lebhafter Beifall.) Besonders hier in Berlin, denn hier gilt es: *Sein oder Nichtsein!* (Sehr wahr.) Es war die höchste Zeit, der deutsche Geist schien bereits überwunden, die Ketten waren schon geschmiedet, und die Hände streckten sich aus, sie uns anzulegen. Dagegen mußten wir uns wehren. Wir fassen die Judenfrage nicht als Religions-, auch nicht als Rassenfrage auf; obwohl sie in ihren Wurzeln beides ist, erscheint sie doch in ihrer äußeren Gestalt als seine sozial-ethische; so behandeln wir sie. Kein Volk kann die Übermacht eines fremden Geistes dulden, ohne zu entarten und zu Grunde zu gehen; die Ereignisse des letzten Jahrzehnts sind darin unsere Lehrer gewesen. Durch die Schwindelperiode, den Krach, die Verarmung und Entsittlichung unseres Volkes sind über uns Momente der Erkenntnis, des Ärgers, der Kränkung, der Buße gekommen, daher stammt der nationale und sittlich-religiöse Aufschwung – das ist unsere Bewegung. (Lebhafter Beifall.) Wir wollen die Judenfrage nicht radikal, nicht gewaltsam, sondern nach und nach in ruhiger, friedlicher Weise lösen. Daß es zu solchen beklagenswerten Exzessen, wie in Rußland [5], bei uns nicht komme, gerade dazu besteht unsere Bewegung; sie ist das Ventil für die Volkserbitterung. Wir müssen die Wunde offenhalten, bis sie geheilt ist ...

Wir hassen die Juden nicht; aber ihr System, als verderbenbringend für unser deutsch-christliches Volkstum, hassen wir aus ganzer Seele. Wir gestatten den Juden, unter uns zu leben, auf ehrliche Weise ihr Brot zu verdienen, wohlhabend und selbst reich zu werden, wir sind tolerant, Kinder des 19. Jahrhunderts, aber ausbeuten und beherrschen lassen wir uns von Juden nicht. (Lebhafter Beifall.) Wenn die Juden unter den Völkern nur ihre Existenz suchten, ihren religiösen Bräuchen lebten und die eingeborene Bevölkerung hierin nicht störten, so gäbe es keine Judenfrage: aber das Judentum will nicht bloß existieren, es will *herrschen,* unsere besten Güter, christliche Religion, Kirche, deutsche Kultur und deutsches Wesen angreifen, selbst aber nicht geniert sein. Das geht nicht an. Wenn dann Angriff gegen Angriff erfolgt, dann schreit man über Intoleranz und Fanatismus. Wir sind eine Nation von 44 Millionen; vor der halben Million unter uns lebender Juden werden wir uns nicht fürchten und uns nicht von ihnen vorschreiben lassen, wie wir leben und unsere Verhältnisse gestalten sollen. (Lebhafter Beifall.) Wir werden fortfahren im Kampf gegen das Überwuchern dieses Judentums, bis es im öffentlichen Leben in die Ecke gestellt ist, wohin es gehört. (Lebhafter Beifall und Heiterkeit.)

Adolf Stoecker, Christlich-Sozial. Reden und Aufsätze, Bielefeld/Leipzig 1885, S. 210 f.

---

[5] 1881 kam es in Rußland, Rumänien und anderen Teilen Osteuropas zu blutigen Judenverfolgungen (Pogrome).

Jedem deutschen Mann, der das Treiben der Juden erkannt hat, empfehlen wir aufs dringendste das Abonnement des zweimal wöchentlich erscheinenden

Reichs=Herold.

Herausgeber:

Reichstagabg. Dr. Otto Böckel.

Der „Reichs=Herold" ist das Organ der deutsch=nationalen antisemitischen Volkspartei, welche am 21. Februar 1887 im Wahlkreise Marburg glänzend gesiegt hat.

Der „Reichs=Herold" steht treu zu Kaiser und Reich.

Der „Reichs=Herold" vertritt in der Politik die Rechte und Freiheiten des Volkes, Rede= und Versammlungsfreiheit, freie Volkswahl zu allen Parlamenten und politischen Körperschaften.

Der „Reichs=Herold" vertritt die Idee der religiösen Toleranz und Denkfreiheit, bekämpft die Kulturkämpferei und das Pharisäerthum in allen Gestalten.

Der „Reichs=Herold" steht auf dem Boden der sozialen Reform, die von oben und unten in Angriff genommen werden muß. Bekämpfung des unheilvollen Einflusses der Börse und der Staatsverschuldungen, progressive Einkommensteuer, Organisation des Handwerker= und Gewerbestandes, Regulierung des Kreditwesens zu Gunsten der produktiven Stände, Bekämpfung des Schwindels und des Wuchers auf allen Gebieten, Entlastung des bäuerlichen Grundbesitzes von Steuern und Abgaben, Bekämpfung des Zwischenhandels durch Schaffung volksthümlicher Genossenschaften und Institute — alles dies ist das soziale Programm des „Reichs=Herold"; dem Arbeiter eine geregelte Fabrik= und Arbeitergesetzgebung, dem Handwerker und Geschäftsmann Schutz vor der Schmutzkonkurrenz, den Bauern Kassen, Absatzgenossenschaften und Entlastung von bureaukratischer Maßregelung und Steuern — dies erstrebt der „Reichs=Herold".

Deutsches Recht im Deutschen Staate erstrebt der „Reichs=Herold".

Deutschland den Deutschen, für die Juden eine Fremden=Gesetzgebung, Aufhebung der Judenemanzipation, mit dieser Forderung ist das dem Volkswohle dienende Programm des „Reichs=Herold" abgeschlossen.

Wer gediegene Original=Aufsätze lesen, über Partei=Nachrichten unterrichtet sein, in Rechtssachen Auskunft erhalten will, der abonniere und lese den „Reichs=Herold".

Abonnements nehmen alle Postanstalten und Briefträger zum Perise von Mark 1,75 frei ins Haus entgegen.

Parteigenossen, abonnirt und verbreitet den „Reichs=Herold".

Abb. 8: Werbung des Marburger Bibliothekars und Reichstagsabgeordneten Otto Böckel für die antisemitische Zeitschrift „Reichs-Herold".

13 **Grundsätze der Antisemitischen Deutsch-sozialen Partei,** 1889

Die antisemitische deutsch-soziale Partei stellt in den Vordergrund ihrer Bestrebungen die Judenfrage. Sie sieht in der Judenfrage nicht nur eine Rassen- oder Religionsfrage, sondern eine Frage internationalen, nationalen, sozialpolitischen und sittlich-religiösen Charakters. – Auch in einem deutschsozialistisch eingerichteten Staate würde das Judentum, dessen Jahrtausende alte Geschichte die Unmöglichkeit seines Aufgehens in den Völkern beweist, der Pfahl in unserem Fleische sein und durch seine bösen Triebe und Einflüsse unser Volk zerfressen und verschlechtern, unsere Gesetze und Ordnungen durchlöchern. Die antisemitische deutsch-soziale Partei erachtet es daher für ihre Pflicht, den volksschädlichen und staatsgefährlichen Einfluß des internationalen Judentums auf allen Gebieten des öffentlichen, gesellschaftlichen und wirtschaftlichen Lebens mit gesetzlichen Mitteln zu bekämpfen, das deutsche Volk über die Judenfrage aufzuklären und die Regierung zum Abschlusse internationaler Vereinbarungen, insbesondere gegen die gefahrdrohende Anhäufung des jüdischen Kapitals, zu drängen.

Um Licht darüber zu verbreiten, ob in den für die Juden verbindlichen Religionslehren Staatsgefährliches enthalten ist, müßte baldigst von Staats wegen eine wissenschaftliche Untersuchungsbehörde zur Übersetzung des Talmud und der in der rabbinischen Literatur niedergelegten religiösen, rituellen und moralischen Vorschriften eingesetzt werden. Die soziale Neuordnung auf dem Boden der Berufskreise und Erwerbsstände soll es diesen ermöglichen, sittlich untaugliche Bestandteile von sich fernzuhalten, insbesondere sich von dem Eindringen des Judentums durch das Recht der freien Aufnahme und durch Ehrengerichte freizuhalten. Als ihr Ziel faßt die antisemitisch deutsch-soziale Partei die Aufhebung der Gleichberechtigung und die Stellung der Juden unter Fremdenrecht in Deutschland ins Auge. Die Ausführung dieser Maßregel würde in letzter Linie folgende Wirkung für die Juden haben: Die in Deutschland lebenden Juden dürfen nicht Richter, Lehrer, staatliche oder kommunale Verwaltungs- oder technische Beamte, Advokaten oder Ärzte mit Beamteneigenschaft sein. Juden, als gerichtliche Zeugen, dürfen nur auf den streng rituellen, jüdischen Eid vor einem Rabbiner vereidigt werden. Juden können nicht als Geschworene oder Schöffen sitzen oder sonstige deutsche Ehrenämter bekleiden. Die Juden sind vom Dienst im deutschen Heere ausgeschlossen, dafür entrichten sie eine von der betreffenden jüdischen Gemeinde beizutreibende Kopfsteuer. Die Juden werden vom Staate in Ausübung ihrer Religion und religiösen Gebräuche geschützt, soweit dieselben nicht öffentliches Ärgernis erregen oder gegen die Gesetze des Landes verstoßen, wie z. B. die Tierquälerei des Schächtens. Die Ausübung aller gewerblichen Berufsarten, Handwerk, Fabrikarbeit, selbsttätige Ausübung der Landwirtschaft, des Handels, abgesehen vom Hausierergewerbe, bleibt den Juden gestattet. Wenn auch nun diese durchgreifenden Maßnahmen stets im Auge zu behalten sind, so müssen auch folgende vorläufige notwendige Maßregeln dankbar angenommen werden, als: Ausweisung der nicht naturalisierten Juden, Verbot der Judeneinwanderung von Osten, Beschränkung der Juden in der Zulassung zu obrigkeitlichen Stellen usw.

Wilhelm Mommsen (Hrsg.), Deutsche Parteiprogramme, München 1960, S. 74 f.

Revidiertes Programm der Deutschen Konservativen Partei (Tivoli-Programm), 1892 **14**

Wir wollen die Erhaltung und Kräftigung der christlichen Lebensanschauung in Volk und Staat und erachten ihre praktische Betätigung in der Gesetzgebung für die unerläßliche Grundlage jeder gesunden Entwicklung.
Staat und Kirche sind von Gott verordnete Einrichtungen; ein Zusammenwirken beider ist die notwendige Vorbedingung zur Gesundung unseres Volkslebens.
Wir erkennen einerseits dem Staate das Recht zu, kraft seiner Souveränität sein Verhältnis zur Kirche zu ordnen, andererseits wollen wir keinen Gewissenszwang und deshalb kein Übergreifen der staatlichen Gesetzgebung auf das Gebiet des inneren kirchlichen Lebens. In diesem Sinne werden wir auch für das gute Recht der evangelischen Kirche auf selbständige Regelung ihrer inneren Einrichtungen eintreten.
Die konfessionelle christliche Volksschule erachten wir für die Grundlage der Volkserziehung und für die wichtigste Bürgschaft gegen die zunehmende Verwilderung der Massen und die fortschreitende Auflösung aller gesellschaftlichen Bande.
Wir bekämpfen den vielfach sich vordrängenden und zersetzenden jüdischen Einfluß auf unser Volksleben.
Wir verlangen für das christliche Volk eine christliche Obrigkeit und christliche Lehrer für christliche Schüler . . .
Redlicher Handel und Gewerbebetrieb ist zu schützen durch Beschränkung und Beaufsichtigung des Hausierhandels und der Abzahlungsgeschäfte sowie durch die Beseitigung der Wanderlager und der Wanderauktionen . . .
Hochhaltung von Christentum, Monarchie und Vaterland, Schutz und Förderung jeder redlichen Arbeit, Wahrung berechtigter Autorität, das sind die obersten Grundsätze, welche die Deutsche Konservative Partei auf ihre Fahne geschrieben hat.

Mommsen (Hrsg.), Deutsche Parteiprogramme, S. 78—80

2. Der Antisemitismus in der Gesellschaft des Kaiserreichs

15 August Rohling, Professor für katholische Theologie: Der Talmudjude[6] und der Neujude, 1871

Wenn ... auch der „Neujude" ... von den Märchen und Albernheiten des Talmud nicht mehr wissen will, so begreift man doch ohne Mühe, daß die Idee der Weltherrschaft fest in seinem Kopf haftet. In diesem Streben, für dessen Erreichung nach dem Talmud alle Mittel erlaubt sind, kann der Talmudjude dem Neujuden allerdings die Hand reichen. Wie auch wäre es sonst erklärlich, daß auf dem großen Judenkonzil zu Leipzig vom 29. Juni 1869, wo die Großrabbiner von der Türkei, von Rußland, Deutschland, England, Frankreich, den Niederlanden, Belgien usw. anwesend waren und Reformjuden und Orthodoxe zwei große, sich das Gleichgewicht haltende Fraktionen bildeten, wie wäre es sonst erklärlich, daß hier als die gemeinsame These aller der Satz formuliert wurde: „Die Synode anerkennt die Entwicklung und Realisierung der *modernen Ideen* als die sichersten Garantien für die Gegenwart und Zukunft des Judentums und seiner Kinder." Das ist so deutlich wie möglich; die Christlichen Ideen sind nicht der Art, sie sind für die Gegenwart und Zukunft, wie sie waren für die Vergangenheit, sie sind nicht von gestern, sie sind nahezu 2000 Jahre alt, ja so alt wie die Welt; denn Christus hat Mose nicht gestürzt, sondern entwickelt und vollendet. Wie die Wahrheit überall nur eine ist, wie zweimal zwei für den Knaben auf der Schulbank und für den Lehrer, für den Kaufmann und für den Minister, für den Soldaten und für den Handwerker, für den Papst und für den Kaiser für die Vergangenheit und Gegenwart und Zukunft nur vier und nichts als vier macht, so kann es auch nur *eine* Sittenregel für den Menschen geben, die auf Wahrheit Anspruch hat. Es gibt keine doppelte Gerechtigkeit, keine doppelte Nächstenliebe, keine doppelte Tugend mit zweierlei Gewicht und Maß. Wenn also der Christ aus jüdischem Munde das Lob moderner Ideen hört, so weiß er, daß er das Lob der Revolution hört, die den Thron und den Altar zumal bedroht. Zum Überfluß hat ihn auch Juda selbst ausdrücklich dahin belehrt, indem es in einem Hauptorgan der [Alliance israélite] 1867 die Revolution von 1789 mit ihrer Gleichheit und Brüderlichkeit als den Stern Juda's preist, der das Dunkel über Israels Häuptern gelichtet und mehr noch lichten werde. Diese Gleichheit der Revolution mit ihren großen Mitteln Betrug und Raub und Mord und mit ihrem klingenden Aushängeschild „gleiches Recht für alle" nennt man auch unter Christen wohl die große moderne Idee; nicht, als ob nicht schon der Talmud die Überlistung, Ausraubung und Abschlachtung des Nichtjuden als erlaubt und tugendsam bezeichnet hätte, sondern weil ganze Scharen von

[6] Der Talmud („Studium", „Belehrung") ist nach dem Alten Testament das Hauptwerk des Judentums.

Nichtjuden diese Idee seit 1789 mit glühendem Eifer allen Reichen sowie allen redlichen und wahren Christen gegenüber verteidigten, predigten und in grauenerregender Weise zur Tat machten. Man denke nur an 1789 und an die Pariser Commune der Gegenwart. Wenn wir demnach unsere Arbeit mit einem Urteil über den Talmudjuden beschließen, so gilt dieses Urteil zugleich allen Feinden der Wahrheit, allen, die zwar der Glaubenslehre des Talmud nicht befreundet, doch aber in Wort oder Tat unter dem Deckmantel schöner Phrasen oder unverhüllt seine sittlichen Grundsätze ganz oder teilweise adoptieren.

August Rohling, Der Talmudjude. Zur Beherzigung für Juden und Christen aller Stände dargestellt, Münster 1871, S. 59 f.

Judenlied (nach der Ritualmordbeschuldigung[7] von Xanten 1891 in der Bevölkerung am Niederrhein verbreitet) **16**

Christen seid Euch alle einig,
Kaufet bei den Juden nicht!
Denn sie sind ja sehr freundlich,
Schlagt die Hunde in's Gesicht.

Denn in Xanten sie doch haben,
Diese koschere Nation
Gemordet einen Christenknaben,
Des Hegemann's geliebten Sohn.

Doch sie sollen alle büßen,
Daß des Hegemann's Sohn so litt;
Daß sie's getan, das läßt sich schließen,
Denn es war ein koscher Schnitt.

In Küppers Scheune ward gefunden,
Hegemann's Sohn als Leiche dort;
Wo man gelegt in stiller Stunde,
Ihn an diesen finsteren Ort.

Was das Söhnchen dort gelitten,
Dieses kleine unschuld'ge Blut.
Es war durch den Hals geschnitten,
Was ein Talmud-Jude tut.

---

[7] Ritualmordanklage bzw. Blutbeschuldigung: Seit der römischen Antike wurden ungeklärte Mordfälle immer wieder den Juden zur Last gelegt. Ähnlich wie der Hexenwahn ging dieser Aberglaube im Zuge der Aufklärung nach und nach zurück, trat jedoch vereinzelt noch im späten 19. Jahrhundert auf wie in Xanten am Niederrhein, wo am 29. Juni 1891 in der Scheune eines Kaufmanns ein fünfjähriger Knabe tot aufgefunden wurde. Der Mordverdacht fiel auf einen jüdischen Metzger. Während des Prozesses, der mit einem Freispruch endete, kam es in der ländlichen Bevölkerung am Niederrhein zu großen Erregungen und judenfeindlichem Verhalten.

Die Mutter weint ja klagend,
Händeringend nach ihrem Kind,
Schrecklich ist dies zu ertragen,
Wenn man so den Sohn tot find.

Es ist gar nicht zu ermessen,
Für ein armes Mutterherz;
Diese Tat nicht zu vergessen
Denn zu groß ist doch der Schmerz.

Die Juden das sind Sünder,
Sie schlachten Christenkinder;
Schneiden ihm das Hälschen ab,
Das verdammte Judenpack.

Zit. nach: Julius H. Schoeps, Ritualmordbeschuldigung und Blutaberglaube. Die Affäre Buschhoff im niederrheinischen Xanten, in: Köln und das rheinische Judentum. Festschrift Germania Judaica 1959—1984, hrsg. von Jutta Bohnke-Kollwitz u. a., Köln 1984, S. 290

17 **Heinrich von Treitschke, Historiker: Unsere Aussichten,** 1879

Unter den Symptomen der tiefen Umstimmung, welche durch unser Volk geht, erscheint keines so befremdend wie die leidenschaftliche Bewegung gegen das Judentum. Vor wenigen Monaten herrschte in Deutschland noch das berufene „umgekehrte Hep Hep Geschrei“. Über die Nationalfehler der Deutschen, der Franzosen und aller anderen Völker durfte jedermann ungescheut das Härteste sagen; wer sich aber unterstand, über irgendeine unleugbare Schwäche des jüdischen Charakters gerecht und maßvoll zu reden, ward sofort fast von der gesamten Presse als Barbar und Religionsverfolger gebrandmarkt. Heute sind wir bereits so weit, daß die Mehrheit der Breslauer Wähler – offenbar nicht in wilder Aufregung, sondern mit ruhigem Vorbedacht – sich verschwor, unter keinen Umständen einen Juden in den Landtag zu wählen; Antisemitenvereine treten zusammen, in erregten Versammlungen wird die „Judenfrage“ erörtert, eine Flut von judenfeindlichen Libellen überschwemmt den Büchermarkt ... Sind diese Ausbrüche eines tiefen, lang verhaltenen Zornes wirklich nur eine flüchtige Aufwallung, so hohl und grundlos wie einst die teutonische Judenhetze des Jahres 1819? Nein, der Instinkt der Massen hat in der Tat eine schwere Gefahr, einen hochbedenklichen Schaden des neuen deutschen Lebens richtig erkannt; es ist keine leere Redensart, wenn man heute von einer deutschen Judenfrage spricht.

Wenn Engländer und Franzosen mit einiger Geringschätzung von dem Vorurteil der Deutschen gegen die Juden reden, so müsssen wir antworten: Ihr kennt uns nicht; Ihr lebt in glücklicheren Verhältnissen, welche das Aufkommen solcher „Vorurteile“ unmöglich machen. Die Zahl der Juden in Westeuropa ist so gering, daß sie einen fühlbaren Einfluß auf die nationale Gesittung nicht ausüben können; über unsere Ostgrenze aber dringt Jahr für Jahr aus der unerschöpflichen polnischen Wiege eine Schar strebsamer hosenverkaufender Jünglinge herein, deren Kinder und Kindeskinder dereinst Deutschlands Börsen und Zeitungen beherrschen sollen; die Einwanderung wächst zusehends, und immer ernster wird die Frage, wie wir dies fremde Volkstum mit dem unseren verschmelzen können ...[8]

Was wir von unseren israelitischen Mitbürgern zu fordern haben, ist einfach: sie sollen Deutsche werden, sich schlicht und recht als Deutsche fühlen – unbeschadet ihres Glaubens und ihrer alten heiligen Erinnerungen, die uns allen ehrwürdig sind; denn wir wollen nicht, daß auf die Jahrtausende germanischer Gesittung ein Zeitalter deutsch-jüdischer Mischkultur folge ... keine deutsche Handelsstadt, die nicht viele ehrenhafte, achtungswerte jüdische Firmen zählte; aber unbestreitbar hat das Semitentum an dem Lug und Trug, an der frechen Gier des Gründer-Unwesens einen großen Anteil, eine schwere Mitschuld an jenem schnöden Materialismus unserer Tage, der jede Arbeit nur noch als Geschäft betrachtet und die alte gemütliche Arbeitsfreudigkeit unseres Volkes zu ersticken droht; in tausenden deutscher Dörfer sitzt der Jude, der seine Nachbarn wuchernd auskauft. Unter den führenden Männern der Kunst und Wissenschaft ist die Zahl der Juden nicht sehr groß; um so stärker die betriebsame Schar der semitischen Talente dritten Ranges. Und wie fest hängt dieser Literatenschwarm unter sich zusammen; wie sicher arbeitet die auf den erprobten Geschäftsgrundsatz der Gegenseitigkeit begründete Unsterblichkeits-Versicherungsanstalt, also daß jeder jüdische Poetaster jenen Eintagsruhm, welchen die Zeitungen spenden, blank und bar, ohne Verzugszinsen ausgezahlt erhält ...

Überblickt man alle diese Verhältnisse – und wie vieles ließe sich noch sagen! – so erscheint die laute Agitation des Augenblicks doch nur als eine brutale und gehässige, aber natürliche Reaktion des germanischen Volksgefühls gegen ein fremdes Element, das in unserem Leben einen allzu breiten Raum eingenommen hat. Sie hat zum mindesten das unfreiwillige Verdienst, den Bann einer stillen Unwahrheit von uns genommen zu haben; es ist schon ein Gewinn, daß ein Übel, das jeder fühlte und niemand berühren wollte, jetzt offen besprochen wird. Täuschen wir uns nicht: die Bewegung ist sehr tief und stark; einige Scherze über die Weisheitssprüche christlich-sozialer Stump-Redner genügen nicht, sie zu bezwingen. Bis in

[8] Der Zustrom von „Ostjuden" hauptsächlich aus Rußland, Polen und Galizien läßt sich statistisch nicht genau erfassen. Ein Teil der Juden durchquerte Deutschland nur auf dem Wege zum eigentlichen Ziel in Übersee, zumeist die USA; ein Teil wurde wieder abgeschoben; die Juden, die sich im Reich niederließen, lebten konzentriert in Großstädten wie Leipzig, Dresden, München und Berlin, wo sie allein durch ihr äußeres Erscheinungsbild auffielen.

die Kreise der höchsten Bildung hinauf, unter Männern, die jeden Gedanken kirchlicher Unduldsamkeit oder nationalen Hochmuts mit Abscheu von sich weisen würden, ertönt es heute wie aus einem Munde: die Juden sind unser Unglück!

Preußische Jahrbücher, Bd. 44, 1879, S. 572—575, abgedruckt in: Der Berliner Antisemitismusstreit, hrsg. von Walter Boehlich, Frankfurt 1965, S. 8—13

18 Theodor Mommsen, Historiker: Auch ein Wort über unser Judentum, 1880

Die gute Sitte und noch eine höhere Pflicht gebieten, die Besonderheiten der einzelnen Nationen und Stämme mit Maß und Schonung zu diskutieren. Je namhafter ein Schriftsteller ist, desto mehr ist er verpflichtet, in dieser Hinsicht diejenigen Schranken einzuhalten, welche der internationale und der nationale Friede erfordert. Eine Charakteristik der Engländer und Italiener von einem Deutschen, der Pommern und der Rheinländer von einem Schwaben ist ein gefährliches Unternehmen: bei aller Wahrhaftigkeit und allem Wohlwollen hört der Besprochene doch von allem nur den Tadel. Das unvermeidliche und unvermeidlich ungerechte Generalisieren wirkt verstimmend und erbitternd, während es selbstverständlich eine Lächerlichkeit sein würde, von solchen Schilderungen eine Besserung der bezeichneten Schäden zu erwarten. Darin vor allem liegt das arge Unrecht und der unermeßliche Schaden, den Herr v. Treitschke mit seinen Judenartikeln angerichtet hat. Jene Worte von den hosenverkaufenden Jünglingen und den Männern aus den Kreisen der höchsten Bildung, aus deren Munde der Ruf ertönt „die Juden sind unser Unglück" – ja es ist eingetroffen, was Herr v. Treitschke voraussah, daß diese „versöhnenden Worte" mißverstanden worden sind. Gewiß waren sie sehr wohlgemeint; gewiß liegt den einzelnen Klagen, die dort erhoben werden, vielfach Wahres zu Grunde; gewiß sind härtere Anklagen gegen die Juden tausendmal ungehört verhallt. Aber wenn die Empfindung der Verschiedenheit dieses Teils der deutschen Bürgerschaft von der großen Majorität bis dahin niedergehalten worden war durch das starke Pflichtgefühl des besseren Teils der Nation, welche es nicht bloß wußte, daß gleiche Pflicht auch gleiches Recht fordert, sondern auch davon tatsächlich Konsequenzen zog, so sah sich diese Empfindung nun durch Herrn v. Treitschke proklamiert als die „natürliche Reaktion des germanischen Volksgefühls gegen ein fremdes Element", als „der Ausbruch eines tiefen lang verhaltenen Zornes." Das sprach Herr v. Treitschke aus, der Mann, dem unter allen ihren Schriftstellern die deutsche Nation in ihren letzten großen Krisen den meisten Dank schuldet, dessen Feder eines der besten Schwerter war und ist in dem gewendeten, aber nicht beendeten Kampfe gegen den alten Erbfeind der Nation, den Partikularismus. Was *er* sagte, war damit anständig gemacht. Daher die Bombenwirkung jener Artikel, die wir alle mit Augen gesehen haben. Der Kappzaum der Scham war dieser „tiefen und starken Bewegung" abgenommen; und jetzt schlagen die Wogen und spritzt der Schaum.

Berlin 1880, abgedruckt in: Der Berliner Antisemitismusstreit, S. 220—222

Sammy Gronemann, Anwalt und Schriftsteller: Erinnerungen an ein Kindheitserlebnis, 1881/82 **19**

Die Schule des Fräulein Nathan muß wohl ausschließlich oder überwiegend von jüdischen Kindern besucht gewesen sein. Jedenfalls fehlte dem Knaben damals noch jede Gelegenheit, jene Tragik des jüdischen Kindes kennenzulernen, die so häufig die schönsten Kinderjahre verbittert. – Aber doch hatte ich gerade in jener Zeit im Alter von sechs oder sieben Jahren ein Erlebnis in dieser Richtung, welches auf mich einen unauslöschlichen Eindruck machte und dessen ich mich noch heute nach so langer Zeit kaum ohne innere Erregung erinnern kann.

Wir verbrachten einen Sommer auf der Westerplatte bei Neufahrwasser, dem Danziger Hafen, und dort spielte ich mit den christlichen Nachbarskindern im Sande, baute Burgen und grub Kanäle. Eines Tages nun kam ich mittags ganz erhitzt und in freudigster Aufregung nach Hause. Was war das für ein herrlicher Vormittag am Strande gewesen. Ich konnte gar nicht genug von all den Herrlichkeiten erzählen, die ich erlebt hatte. Wir hatten ein wundervolles Boot in den Sand gegraben. Ich hatte in Eimerchen das Wasser herangeschleppt, um die Form fest zu machen. Noch jetzt sehe ich das Boot vor mir, und ich könnte, glaube ich, noch genau die Stelle bezeichnen, an der wir es ausgehoben hatten. Wie schön war das Boot doch mit drei Bänken in der Mitte, mit einem Steuersitz und allem, was dazu gehört. Und nach allen Seiten war der Sand so fortgeschafft, daß es wirklich und wahrhaftig wie ein echtes rechtes Boot aussah. Kaum konnte ich das Essen hinunterschlingen, denn gleich nach Tisch sollten wir uns alle wieder am Boot treffen und Marine spielen nach Muster der Matrosen auf dem „Prinz Heinrich", der jüngst auf der Reede gelegen hatte, und keinesfalls durfte ich zu spät kommen. Nur mit Mühe konnte ich dazu gebracht werden, überhaupt etwas zu essen, und kaum war der letzte Bissen herunter, stapfte ich schon davon, glücklich und aufgeregt und maßlos stolz auf meine Freundschaft mit den großen, prächtigen Jungen.

Ach, war die Seestraße heute lang. Endlich klimme ich, am Ende angelangt, die Düne hinauf, da unten weit ist das Boot, und alle die Jungen sind schon darin – die ganze Besatzung. Ich laufe die Düne hinab und stapfe keuchend und erhitzt durch den tiefen Sand, jauchze und kreische und schwinge die Arme, um von weitem die Kameraden zu grüßen.

Keiner antwortet. Haben sie mich nicht bemerkt? Doch. Alle sehen mir entgegen, aber keiner rührt sich, keine Hand hebt sich, alle haben sie die Hände gesenkt, als hielten sie etwas in ihnen. Jetzt bin ich nur noch we-

nige Meter von ihnen entfernt, und plötzlich gellt eine Stimme hoch auf: Achtung, los! Und auf springt die ganze Besatzung, und lachend brüllt es über den Strand: „Jud, Jud, Jude Itzig! Hepp, Hepp, Hepp!“ Und die Arme werden geschwungen, und nasse Sandkugeln, in Massen vorbereitet und hinter dem Bootsrand verborgen gehalten, sausen auf mich. Klatsch, trifft mich eine auf den Arm, klatsch, reißt mir eine die Matrosenmütze vom Kopf. Klatsch, klatsch, plumpsen sie neben mir rechts und links in den Sand, und eine trifft mich mitten ins Gesicht.
Ich bin mitten im Lauf erschrocken und verständnislos stehengeblieben. Ich starre mit ratlosen Augen fassungslos auf die Kameraden von heute früh und auf das herrliche Boot, das ich miterbaut habe und aus dem ich jetzt so ausgeschlossen werde. Mir gilt das? Was meinen sie? Was rufen sie? Jud? Jud?
Ich habe es wohl erst später verstehen gelernt. Und jene Jungen haben es wohl auch nicht verstanden, wie sie so trefflich das ganze Verhältnis der Juden zur Umwelt symbolisiert haben. Erst darf man mitarbeiten und aufbauen, dann bewerfen sie einen mit Schmutz, und dann stoßen sie den unappetitlichen schmutzigen Juden aus ihrer Gemeinschaft. – Das war meine erste Begegnung mit dem Antisemitismus in der fremden Welt.

Sammy Gronemann, Erinnerungen, in: Jüdisches Leben in Deutschland, Bd. 2: Selbstzeugnisse zur Sozialgeschichte im Kaiserreich, hrsg. und eingeleitet von Monika Richarz, Stuttgart 1978, S. 391 f.

20 Wilhelm Buchheim, Schulrektor: Kindheitserinnerungen aus den 1890er Jahren

Ich erinnere mich noch sehr gut daran, was in den neunziger Jahren geschah, als ich ein kleines Kind war. Aber ich will mich darauf beschränken zu erzählen, wie sich zu dieser Zeit der Antisemitismus auf Mitglieder meiner Familie auswirkte.
Otto Böckel, Reichstagsabgeordneter aus Marburg, war einer der 16 Antisemiten, die 1893 in den Reichstag gewählt wurden. In meinem Heimatort Rosenthal und in den benachbarten Dörfern und Kleinstädten verbreitete er unter den Bauern antisemitische Propaganda, um den Judenhaß zu schüren und den Boykott der Juden zu erreichen. Damit hatte er tatsächlich in vielen Fällen Erfolg. Aber es muß gesagt werden, daß es unter den Bauern weniger Antisemitismus gab als unter den sogenannten Gebildeten, wie z. B. den Lehrern oder den Universitätsstudenten in Marburg. Als ich sechs Jahre alt war, sagte mein Lehrer zu mir in der Schule: „Ein Jude kann nie der Beste sein in einer deutschen Schule.“ Ein halbes Jahr nach Schulanfang wurden wir entsprechend unseren Zensuren gesetzt, und ich kam auf den zweiten Platz, obgleich ich die besten Noten hatte. „Kein Jude darf die Trommel oder ein anderes Instrument in einer deutschen Kapelle spielen“, entschied derselbe Lehrer, als ich bat, die

Trommel schlagen zu dürfen, während meine Klasse durch Rosenthal zum Spielplatz marschierte. Ein anderer Lehrer erzählte unserer Klasse mit Vorliebe Lügengeschichten über jüdische Bräuche und Sitten, besonders über die Beerdigung von Juden. Aber seltsamerweise wurden unsere guten Beziehungen zu unseren christlichen Spielgefährten von alldem keineswegs berührt . . .

Auf dem Kirschenmarkt in Rosenthal, dem jährlich gehaltenen Jahrmarkt, spielte sich in einem Juni gegen Mitte der neunziger Jahre eine Tragikomödie ab. Der Jahrmarkt zog mit Tanz, Unterhaltung und Vergnügungen aller Art eine Menge Bauern an, die mit ihren Familien aus den benachbarten Dörfern und Kleinstädten kamen. Für Böckel und seine antisemitische Propaganda konnte sich kaum eine bessere Gelegenheit bieten. Und tatsächlich kam er aus Marburg mit einer beträchtlichen Anzahl von Studenten herbei. Die Studenten griffen meinen Vater und seine beiden Brüder Isaak aus Gilsa und Hirsch aus Wohra tätlich an. Doch diese jungen Leute waren keine Gegner für die drei Buchheims, die nach Otto Böckel suchten, dem wahren Schuldigen und Anstifter der Studenten. Sie fanden ihn in seinem Zimmer in Rückerts Gästehaus, doch die Tür war verschlossen. Da brachen sie die Tür auf und prügelten ihn gründlich durch. Die Angelegenheit kam daraufhin vor das Amtsgericht in Rosenthal, wo die drei Angeklagten geltend machten, daß sie in Selbstverteidigung gehandelt hätten. Mein Vater erhielt eine Gefängnisstrafe von fünf Tagen, seine Brüder je sieben Tage, da das Verprügeln von Böckel die Grenzen der Selbstverteidigung überschritten habe. Der Richter war keineswegs ein Antisemit, denn es handelte sich wirklich nicht um Selbstverteidigung, sondern um einen Angriff. Niemand focht das Urteil an.

Richarz (Hrsg.), Jüdisches Leben in Deutschland, Bd. 2, S. 166 f.

21 **Houston Stewart Chamberlain, Kulturphilosoph: Der Eintritt der Juden in die abendländische Geschichte,** 1899

So wird die erdichtete, durch und durch verfälschte Vergangenheit durch eine ebenso erdichtete, utopische Zukunft ergänzt, und so schwebt der Jude, trotz des Materialismus seiner Religion, zwischen Träumen und Trugbildern. Die fata morgana der urväterlichen Wüste zaubert diesem Halbsemiten süßen Trost für die Tragik seines Schicksals vor, einen luftigen, gehaltlosen, betrügerischen Trost, doch durch die Gewalt des Willens – genannt Glauben – eine genügende, für andere oft gar gefährliche Lebenskraft. Hier triumphiert die Macht der Idee in einer erschreckenden Weise: in einem gut beanlagten, doch weder physisch noch geistig ungewöhnlich hervorragenden Volke erzeugt sie den Wahn einer besonderen Auserwähltheit, einer besonderen Gottgefälligkeit, einer unvergleichlichen Zukunft, sie schließt es in tollem Hochmut von sämtlichen

Nationen der Erde ab, zwingt ihm ein geistloses, unvernünftiges, in der Praxis gar nicht durchzuführendes Gesetz als ein gottgegebenes auf, nährt es mit erlogenen Erinnerungen und wiegt es in verbrecherischen Hoffnungen – und, während sie dieses Volk derart in seiner eigenen Einbildung zu babylonisch schwindligen Höhen emporhebt, drückt sie es in Wirklichkeit seelisch so tief herab, lastet so schwer auf seinen besten Anlagen, sondert es so gänzlich aus der leidenden, strebenden, schaffenden Menschheit, erstarrt es so hoffnungslos in den unseligsten fixen Ideen, macht es so unabwendbar in allen seinen Gestaltungen (von der äußersten Rechtgläubigkeit bis zum ausgesprochenen Freisinn) zu einem offenen oder versteckten Feind jedes anderen Menschen, zu einer Gefahr für jede Kultur, daß es zu allen Zeiten und an allen Orten den Hochbegabten das tiefste Mißtrauen einflößte und dem sicheren Instinkt des Volkes Abscheu. Ich sagte soeben, Rechtgläubigkeit und Freisinn könnten uns hier gleich gelten, und in der Tat, es kommt weniger darauf an, was ein Jude heute glaubt, als (wenn man mir die paradoxe Gegenüberstellung erlaubt) darauf, was er glauben *kann,* was er zu glauben *vermag.* Die geistige Begabung und die Moralität sind individuelle Anlagen; der Jude ist, wie andere Menschen, klug oder dumm, gut oder schlecht; wer das leugnet, ist nicht wert, daß man mit ihm rede; was dagegen nicht individuell ist, das sind . . . die angeborenen Richtungen des Denkens und des Tuns, die bestimmten Falten, in die der Geist durch die Gewohnheiten von Geschlechtern gelegt wird. Und so sehen wir denn heute jüdische Atheisten allermodernster Richtung, die durch ihre Neigung, unsinnige Hypothesen oder bloße Notvorstellungen der Wissenschaft für materielle, bare Tatsachen zu halten, durch ihre gänzliche Unfähigkeit, sich über den beschränktesten historischen Standpunkt zu erheben, durch ihr Talent, unmögliche sozialistische und ökonomische Messiasreiche zu planen, unbekümmert, ob sie dabei unsere ganze, mühsam erworbene Zivilisation und Kultur zu Grunde richten, durch ihren kindlichen Glauben, man könne mit Erlassen und Gesetzen die Seelen der Völker von heute auf morgen umwandeln, durch ihre weitreichende Verständnislosigkeit für alles wahrhaft Große außerhalb der engen Grenzpfähle ihres eigenen Gedankenzirkus und durch ihre lächerliche Überschätzung jeder liliputanischen Geistestat, wenn sie nur einen Juden zum Urheber hat.

Houston Stewart Chamberlain, Die Grundlagen des 19. Jahrhunderts. 1. Hälfte, München 1932, S. 493—495

22 **Heinrich Claß, Vorsitzender des Alldeutschen Verbandes: Die Juden unter Fremdenrecht,** 1912

Eine Gesundung unseres Volkslebens, und zwar aller seiner Gebiete, kulturell, moralisch, politisch, wirtschaftlich, und die Erhaltung der wiedergewonnenen Gesundheit *ist nur möglich, wenn der jüdische Einfluß ent-*

weder ganz ausgeschaltet oder auf das Maß des Erträglichen, Ungefährlichen zurückgeschraubt wird ... Die Forderung muß sein: *die landansässigen Juden werden unter Fremdenrecht gestellt.*

Die Vorfrage lautet: *wer ist Jude,* und schon sie muß mit Härte beantwortet werden, indem man zwar den Glauben als ursprüngliches Erkennungszeichen ansieht, aber die Rassenangehörigkeit ins Auge faßt und auch den vom jüdischen Glauben Abgewandten als Juden behandelt, gleichzeitig auch für die Nachkommen von Mischehen an dem alten germanischen Grundsatze festhält, daß sie der „ärgeren Hand" folgen. Man müßte, um durchzuschlagen, bestimmen: *Jude im Sinne des geforderten Fremdenrechts ist jeder, der am 18. Januar 1871 der jüdischen Religionsgemeinschaft angehört hat, sowie alle Nachkommen von Personen, die damals Juden waren, wenn auch nur ein Elternteil jüdisch war oder ist.*

Man mag diese Zeitbestimmung willkürlich finden, wie sie es tatsächlich ist, wird aber zugeben müssen, daß praktisch eine solche zur Feststellung des Begriffs „Jude" erforderlich ist; es mag geprüft werden, ob der Stichtag früher oder später gelegt werden soll.

Als Jude würde also nach dem obigen Vorschlage behandelt z. B. der Enkel eines im Jahre 1875 zum Protestantismus übergetretenen Juden, dessen Tochter einen Nichtjuden, z. B. Offizier geheiratet hatte. Dies klingt im Sinne unserer bisherigen Nachgiebigkeit unerhört, ist es aber den Tatsachen gegenüber nicht: denn die Erfahrung lehrt, daß solch ein Kind rassisch wirklich der ärgeren Hand folgt.

Im vollen Bewußtsein dessen, was damit verlangt ist, wird diese Begriffsbestimmung vorgeschlagen, ja gerade im Hinblick auf die verhängnisvolle Rolle der Halbblütigen, durch deren Vermittlung der jüdische Geist, jüdische Gesinnung als Naturfolgen jüdischen Blutes in die obersten Schichten unseres Volkes eingedrungen sind und einzudringen drohen; auch hier heißt es, nicht nur für die Zukunft zu verhindern, sondern gutzumachen, was bereits verfehlt worden ist.

Sonach stünde fest, wer Jude ist und unter Fremdenrecht gestellt werden soll; was aber soll das Fremdenrecht bestimmen? Es soll den Strich zwischen Deutschen und Juden ziehen und die Möglichkeiten einschränken, eine volksschädigende Wirkung auszuüben. Dahin gehören folgende Maßnahmen:

Den Juden bleiben alle *öffentlichen Ämter verschlossen,* einerlei ob gegen Entgelt oder im Ehrenamt, einerlei ob für Reich, Staat und Gemeinde.

Zum *Dienst in Heer und Flotte* werden sie nicht zugelassen.

Sie erhalten weder *aktives noch passives Wahlrecht.* Der Beruf der *Anwälte* und *Lehrer* ist ihnen versagt; die *Leitung von Theatern* desgleichen.

Zeitungen, an denen Juden mitarbeiten, sind als solche kenntlich zu machen; die anderen, die man allgemein „deutsche" Zeitungen nennen kann,

dürfen weder in jüdischem Besitz stehen noch jüdische Leiter und Mitarbeiter haben.
Ländlicher Besitz darf in Zukunft weder in jüdischem Eigentum stehen noch mit solchen Hypotheken belastet werden.
Als Entgelt für den Schutz, den die Juden als Volksfremde genießen, entrichten sie doppelte Steuern wie die Deutschen.

Daniel Frymann (pseud. für Heinrich Claß), Wenn ich der Kaiser wär' — Politische Wahrheiten und Notwendigketen, 2. Aufl. Leipzig 1912, S. 74—76

23 **Die jüdische Bevölkerung im Deutschen Reich** 1871 bis 1933

Jahr	Gesamtbevölkerung	Juden	%
1871	36 323 000	383 000	1,05
1880	40 218 000	437 000	1,09
1890	44 230 000	465 000	1,05
1900	50 626 000	497 000	0,98
1910	58 451 000	539 000	0,92
1925	63 181 000	568 000	0,90
1933	66 029 000	503 000	0,76

Statistik des Deutschen Reichs, Bd. 451/5, zit. nach: Esra Bennathan, Die demographische und wirtschaftliche Struktur der Juden, in: Entscheidungsjahr 1932, Tübingen 1965, S. 94

24 **Jüdische Erwerbspersonen in Deutschland,** Juni 1933

Wirtschaftsabteilung	Gesamtbevölkerung		Juden	
	total	%	total	%
Land- und Forstwirtschaft	9 343 000	28,93	4 167	1,73
Industrie und Handwerk	13 053 000	40,41	55 655	23,14
Handel und Verkehr	5 932 000	18,37	147 314	61,26
Öffentlicher Dienst und private Dienstleistungen (ohne häusliche Dienste)	2 699 000	8,36	29 974	12,46

Statistik des Deutschen Reichs, Bd. 451/5 und 453/2, zit. nach: Esra Bennathan, Die demographische und wirtschaftliche Struktur der Juden, in: Entscheidungsjahr 1932, Tübingen 1965, S. 106 f.

3. Die Radikalisierung des Judenhasses zu Beginn der Weimarer Republik

Artur Dinter, Schriftsteller: Die Zerstörung der germanischen Rasse durch die Juden, 1917 **25**

Das Ableben des Kommerzienrats war zunächst gar nicht zur Kenntnis seiner Familie gekommen, da er außerhalb seiner Wohnung gestorben war. Seine Abwesenheit fiel niemanden (sic!) auf. Er pflegte in die Stadt zu fahren und zu verreisen, ohne Ziel und Dauer seines Fernseins bekannt zu geben oder zu hinterlassen. Er verschied in den Armen dreier hübscher blonder Mädchen, denen er eine gemeinsame Wohnung im bayrischen Viertel eingerichtet hatte. Sie wußten nicht, wer er war, kannten nicht einmal seinen Namen und nannten ihn „Onkelchen". Da er, wenn er sie zu besuchen pflegte, es streng vermied, irgend etwas bei sich zu führen, das seine Persönlichkeit hätte verraten können, blieb den entsetzten Mädchen, um sich der Leiche zu entledigen, nichts anderes übrig, als die Hilfe der Polizei in Anspruch zu nehmen. So kam die Leiche ins Schauhaus, wo sie von einem Angestellten der Fabrik erkannt wurde.
Hermann versäumte nichts, um das Bekanntwerden der Sache zu verhüten. Vergeblich ...
Außer in Berlin hatte der Kommerzienrat in nicht weniger als noch fünf andern deutschen Großstädten ... sich derartige „Privatpensionen" eingerichtet ... Ihre Bewohnerinnen waren nur Blondinen. Jede von ihnen erhielt außer freier Wohnung, Kost und Kleidung, einen Monatsgehalt, der je nach der Gunst, in dem (sic!) sie bei ihrem Brotherrn standen, sich bis zum Einkommen eines Ministers steigerte. Durch einen ganzen Stab von Dedektiven (sic!) ließ der Kommerzienrat die Schönen überwachen. Der geringste Seitensprung wurde unweigerlich mit Entlassung geahndet. Eine Belohnung in der Höhe ihres Jahresgehaltes hatte er für jede ausgesetzt, die ihm ein Kind zur Welt brachte. Sobald sie es geboren, wurde sie entlassen mit einer lebenslänglichen Rente für sich und ihr Kind und durch eine noch jungfräuliche Genossin ersetzt. Denn nur auf unberührte blonde Jungfrauen hatte er es abgesehen, andere reizten ihn nicht. Diese zur Mutter zu machen, war sein teuflisches Vergnügen. Es wurde festgestellt, daß er bis zum Eintritt seines Todes nicht weniger als 117 derartiger Renten zahlte, von denen die älteste bereits über zwanzig Jahre lief. In einem besonderen Testamente waren die Namen sämtlicher Rentenempfängerinnen verzeichnet. In dem Geheimfach des Geldschranks fand Hermann ein Stammbuch mit den Lichtbildern dieser sämtlichen bedauernswerten Geschöpfe nebst ihren Kindern. Die Namen standen unter den einzelnen Bildern und stimmten genau mit jenen des Rententestamentes überein. Die Mehrzahl der unglücklichen Kinder waren Knaben. Sie waren fast alle das Ebenbild ihres Erzeugers. Die Mädchen

hingegen schienen meist nach ihren Müttern geartet. Man muß annehmen, daß der Kommerzienrat diese Rassevergiftung am deutschen Volke nicht etwa nur unbewußt verübte, um seinen Lüsten zu frönen, sondern daß er damit planmäßig geradezu teuflische Ziele verfolgte! Das erhellt aus einem Briefwechsel, den er mit einem jungen Rassegenossen geführt. Diesen Briefwechsel fand Hermann im Nachlaß vor.

Artur Dinter, Die Sünde wider das Blut. Ein Zeitroman, 11. Aufl. Leipzig 1920, S. 264—266

26 **Der jüdische Griff nach der Weltherrschaft. Aus fingierten Dokumenten**[9], 1919

Sie müssen bei der Anwendung unserer Grundsätze die Eigenart des Volkes berücksichtigen, in dessen Gebiete Sie sich aufhalten und wirken werden. Die gleichmäßige Anwendung unserer Grundsätze kann keinen Erfolg bringen, solange ein Volk nicht auf unsere Weise erzogen ist. Wenn Sie aber vorsichtig zu Werke gehen, werden Sie sehen, daß schon ein Jahrzehnt genügt, um selbst den festesten Charakter zu verändern. Dann können wir ein neues Volk unter diejenigen Völker einreihen, die sich uns schon unterworfen haben. Sobald wir zur Herrschaft gelangen, werden wir das alte freisinnige Feldgeschrei: „Freiheit, Gleichheit, Brüderlichkeit!", das im Grunde genommen von unseren Logen in die Welt gesetzt wurde, durch Gruppen von Wörtern ersetzen, die nur Gedanken ausdrücken. Wir werden sagen: „Recht auf Freiheit, Pflicht der Gleichheit, Vorbild der Brüderlichkeit", und damit werden wir den Bock bei den Hörnern packen. In der Tat haben wir außer unserer eigenen schon jede Herrschergewalt beseitigt, obgleich rechtlich noch viel davon vorhanden ist. Wenn heute irgendein Staat gegen uns Einspruch erhebt, so geschieht es nur der Form halber, sogar mit unserem Wissen und Wollen. Wir brauchen ihren Antisemitismus, um unsere Brüder aus den unteren Schichten zusammenzuhalten. Ich will dies nicht näher ausführen, da wir über diesen Gegenstand schon wiederholt gesprochen haben.
Tatsächlich gibt es für uns keine Hindernisse. Wir üben unsere Ober-

[9] Es handelt sich bei dem Text um die angeblichen Protokolle einer jüdischen Tagung, auf der ein Plan zur Zerstörung der bestehenden Staaten und zur Errichtung einer jüdischen Weltherrschaft aufgestellt worden sein sollte. Gottfried zur Beek (Pseudonym für den Hauptmann a. D. Müller von Hansen) gab diese „geheimen Dokumente" einer jüdischen Weltverschwörung zuerst 1919 in dem antisemitischen Verlag „Auf Vorposten" unter dem Titel „Protokolle der Weisen von Zion" heraus. Sie erregten ungeheures Aufsehen nicht nur in Deutschland. In den nächsten Jahren erschienen Übersetzungen in fast allen europäischen Ländern und in Amerika. Die „Protokolle" fußten, wie sich bald herausstellte, auf einem verwirrenden Buch mystisch-politischen Inhalts des russischen Professors und Synodalbeamten S. A. Nilus, der seinerseits auf eine gegen Napoleon III. gerichtete Broschüre des französischen Schriftstellers M. Joly zurückgriff. Lange Passagen weisen Parallelen zu dem Roman „Biarritz" des deutschen Schriftstellers Goedsche (Pseudonym Sir John Retcliff) auf.

herrschaft in jener ganz außergesetzlichen Form aus, die man mit dem Worte Gewaltherrschaft (Diktatur) zu bezeichnen pflegt. Ich kann es mit voller Überzeugung sagen, daß wir zur Zeit die Gesetzgeber sind; wir sprechen Recht und üben die vollziehende Gewalt aus, wir strafen und begnadigen, wir sitzen als Führer aller unserer Heere hoch zu Roß. Uns leitet ein fester Wille, da wir die Erbschaft einer einst mächtigen Partei angetreten haben, die jetzt ganz von uns abhängt. Wir verfügen über einen unbändigen Ehrgeiz, brennende Habgier, schonungslose Rachsucht und unerbittlichen Haß.

Von uns geht das Schreckgespenst, der umfassende Terror aus. In unserem Dienste stehen Leute aller Anschauungen und Richtungen: Männer, welche eine königliche Regierung wieder einführen wollen, Volksverführer (Demagogen), Sozialisten, Kommunisten und allerlei Wolkenkuckucksheimer (Utopisten). Wir haben sie alle für uns in das Joch gespannt. Jeder von ihnen untergräbt an seiner Stelle die letzten Stützen der Staatsgewalt und sucht die bestehende Rechtsordnung umzustoßen. Durch solche Maßnahmen werden alle Regierungen gepeinigt. Jeder sehnt sich nach Ruhe und ist bereit, um des lieben Friedens willen alles zu opfern. Wir aber lassen sie nicht zur Ruhe kommen, bis sie unsere Welt-Oberherrschaft offen und bedingungslos anerkannt haben. Das Volk stöhnt und verlangt nach einer Lösung der gesellschaftlichen (sozialen) Frage im Wege einer allgemeinen zwischenstaatlichen Verständigung. Da aber alle Völker in Parteien zerspalten sind und der Parteikampf große Mittel erfordert, so hängen alle Parteien und Völker von uns ab; denn das Geld haben wir allein ...

Um die Einrichtungen der Nichtjuden nicht vorzeitig zu zerstören, gingen wir mit größter Umsicht zu Werke und ergriffen zunächst nur die Enden der Triebfedern, durch die alles im Gange gehalten wird. Diese Triebkräfte waren früher streng, aber gerecht verteilt, wir aber ersetzen sie durch die freisinnige Willkür. Auf diese Weise untergruben wir die Rechtsprechung, die Wahlordnung, die Presse, die Freiheit der Person und vor allem die Erziehung und Bildung des Volkes als Eckpfeiler jeder wirklichen Freiheit. Wir haben die nichtjüdische Jugend verdummt, verführt und verdorben. Dieses Ziel wurde von uns dadurch erreicht, daß wir ihre Erziehung auf falschen Grundsätzen und Lehren aufbauten, deren Lügenhaftigkeit uns sehr wohl bekannt war, die wir aber anwenden ließen.

Wir haben zwar die bestehenden Gesetze nicht plötzlich geändert, haben aber ihren Sinn durch widerspruchsvolle Deutungen vollkommen entstellt. Auf diesem Wege erzielten wir über Erwarten große Erfolge. Zunächst wurden die Gesetze durch viele Deutungen verdunkelt und dann allmählich in ihr Gegenteil verwandelt. Die Staatsleitung verlor jede Übersicht und konnte sich schließlich selbst in der äußerst verworrenen und widerspruchsvollen Gesetzgebung nicht mehr zurechtfinden. Daraus

Die Schicksalsfrage des deutschen Volkes

ist durch die revolutionären Ereignisse grell in Erscheinung getreten.

Männer und Frauen

deutschen Blutes und deutschen Geistes, die die ungeheure Gefahr der Vorherrschaft des Judentums auf allen Gebieten unseres öffentlichen Lebens für den Bestand unseres Volkstums erkannt haben, schließen sich zusammen im

Deutschen Schutz- und Trutz-Bund

Zuschriften erbeten nach Hamburg I, Postschließfach 38.

Der **Deutsche Schutz- und Trutz-Bund** macht es sich zur Aufgabe, über Wesen und Umfang der jüdischen Gefahr aufzuklären und sie unter Benutzung aller politischen, staatsbürgerlichen und wirtschaftlichen Mittel zu bekämpfen.

Der Bund will insbesondere dahin wirken, daß auch bei den politischen Wahlen die Vorherrschaft des Judentums gebrochen und seine Beteiligung an den gesetzgebenden Körperschaften, den Gemeindevertretungen und den Behörden auf das ihm nach der Bevölkerungszahl zustehende Maß eingedämmt werde.

Nehmt teil an dem Befreiungskampf um die Erhaltung deutscher Eigenart. Wer vergißt, daß er ein Deutscher ist, daß er sein Deutschtum bekennen und beweisen muß, der versündigt sich an seinem Vaterlande, das gerade in seiner Not treuer, opferfähiger Liebe bedarf.

Abb. 9: Aufruf des Deutschen Schutz- und Trutzbundes. Verlagsreklame des Deutschen Volks-Verlages, München 1919.

entwickelte sich die Theorie einer Rechtsprechung nach bestem Gewissen statt nach dem Gesetzbuche.
Sie könnten einwenden, daß die Nichtjuden mit der Waffe in der Hand über uns herfallen werden, sobald sie vor der Zeit entdecken, wie alles zusammenhängt. Für diesen Fall haben wir ein letztes, furchtbares Mittel in der Hand, vor dem selbst die tapfersten Herzen erzittern sollen. Bald werden alle Hauptstädte der Welt von Untergrundbahnen durchzogen sein. Von ihren Stollen aus werden wir im Falle der Gefahr für uns die ganzen Hauptstädte mit allen Einrichtungen und Urkunden in die Luft sprengen.

Die Geheimnisse der Weisen von Zion in deutscher Sprache, hrsg. von Gottfried zur Beek, 8. Aufl. Charlottenburg 1923, S. 46 f.

Schutz- und Trutzlied von Friedrich Imholz, 1920. Nach der Weise: „Der Gott, der Eisen wachsen ließ ...“ **27**

Gabs darum eine Hermannsschlacht
Und all die Türkenkriege,
Daß heute gegen Judas Macht
Das Deutschtum unterliege?
Ward deshalb auf dem Leipziger Feld
Die Völkerschlacht geschlagen,
Daß wir nun doch aus Judengeld
Geschweißte Ketten tragen?

O nein, noch stehn wir fest im Streit
Und brauchen nicht zu bitten,
Noch gibt es deutsche Ehrlichkeit
Und gute deutsche Sitten.
Stürmt Juda auch mit Lug und List
Bei uns gilt Treu und Glauben,
Und was uns lieb und eigen ist
soll uns kein Jude rauben.

Wohl möchten sie die Fremdherrschaft
In unserm Land errichten,
Doch sicherlich wird deutsche Kraft
Ihr Lügennetz vernichten.
Ja wollten sie die halbe Welt
Auch gegen uns verketten,
So werden wir trotz Judas Geld
Das deutsche Volkstum retten.

Das deutsche Land dem deutschen Sohn,
Nicht jüdischem Gelichter!
Kein Bauer mehr in Judenfrohn

Und freie deutsche Richter!
Zum Schutz und Trutz stehn wir vereint
Und fordern unsere Rechte,
Wir wollen freie Deutsche sein
Und keine *Judenknechte!*

Ausgewählte Dokumente zur Geschichte des Nationalsozialismus 1933—1945, hrsg. von H.-A. Jacobsen und W. Jochmann, Bielefeld 1966, A Dokument 1920, o. S.

28 Alfred Roth, Verbandspolitiker und Geschäftsführer des Deutschvölkischen Schutz- und Trutzbundes: Rathenau, der Wirtschaftsdiktator im Kriege, 1922

Rathenau war durch seine in eben jenen Tagen vollzogene Berufung zum Leiter der deutschen Kriegswirtschaft am Ziele seiner Wünsche angelangt. Er war der moderne „Joseph in Ägypten", und seine Rassegenossen waren erfüllt von Stolz darüber, einen der ihrigen in solch mächtiger und einflußreicher Stellung zu wissen. Die Juden in Deutschland – ja wohl die der ganzen Welt – wußten wohl, was Rathenaus Berufung für sie zu bedeuten hatte . . . Juda triumphierte schon damals .
Bei einem Siege Deutschlands „hätte die Weltgeschichte ihren Sinn verloren"; das war Rathenaus Überzeugung. Hätte er sie damals dem Reichskanzler und dem Kriegsminister ebenso offen ausgesprochen, wie er das nach der Revolution tat, gewiß keiner von beiden hätte ausgerechnet einem solchen Manne die Organisation der deutschen Kriegswirtschaft anvertraut. Daß Rathenau gerade dazu berufen wurde, das ist Deutschland zum Verhängnis geworden. Er fand in dem Generaldirektor der Hamburg-Amerika-Linie, seinem Rassegenossen Albert *Ballin,* einen getreuen Helfershelfer, denn beide gemeinsam bauten das System der Kriegswirtschaft und Kriegsgesellschaften auf, dessen Auswirkungen nicht zum wenigsten den wirtschaftlichen und seelischen Zussammenbruch des deutschen Volkes verschuldet haben.
Ich wenigstens habe nie geglaubt, und glaube es heute weniger denn je, daß Rathenaus und Ballins Wirtschaftspläne ausgedacht worden seien, um das deutsche Volk zu stärken, seine Kräfte zu steigern und ihm den Sieg zu sichern. Der so überaus plötzlich herbeigeführte Tod Ballins in den Tagen des Zusammenbruchs verstärkt für mein Empfinden die tiefere Bedeutung jener seltsamen Worte Rathenaus über den Sinn der Weltgeschichte. Auch die „Times" ließen sich anläßlich der deutschen Friedensangebote dahin vernehmen: „Die Deutschen haben noch nicht einmal den Sinn des Krieges begriffen", als welchen der Oberste englische Gerichtshof bereits am 21. Dezember 1915 in einem Urteile kennzeichnete: „Die Zerstörung der kommerziellen Blüte Deutschlands ist Englands Kriegsziel";
und ebenso erklärte der „Daily Telegraph" am 17. Oktober 1917 in einer offiziellen Verlautbarung:

„Die Amerikaner haben beschlossen, daß Deutschland in wirtschaftlicher Hinsicht erdrosselt werden muß.“
In seiner Schrift „Von der Gründung des Judenstaates“ aber schrieb nach dem Falle von Jerusalem der in Deutschland lebende Jude Dr. L. F. Pinkus:
„Tief in die Seelen der Juden gebrannt ist der Satz der russischen Zionisten, daß . . . die Interessen der jüdischen Nation identisch sind mit denen des britischen Volkes.“
Was will man mehr? Engländer, Amerikaner und Juden strebten dem gleichen Ziele zu: der Vernichtung Deutschlands.
Das also war der Sinn des Krieges im Bewußtsein unserer Feinde und da sie nun dank der zermürbenden Machenschaften der inneren Reichsfeinde „gesiegt haben“, so ist damit auch der von Rathenau gemeinte „Sinn der Weltgeschichte“ erreicht. Ist da der Gedanke so abwegig, Rathenau und Ballin hätten ihre Wirtschaftspläne von vornherein auf einen solchen Ausgang des Krieges eingestellt, ja ihn durch jene zu fördern getrachtet?

Alfred Roth, Rathenau „Der Kandidat des Auslandes“, Hamburg 1922, S. 5 f.

III. Antisemitismus und Nationalsozialismus

Im Nationalsozialismus verbanden sich sozialdarwinistische, völkische und antisemitische Vorstellungen zu einem politischen Irrationalismus von erschreckender Primitivität. Adolf Hitler hat in seiner Programmschrift „Mein Kampf" die unterschiedlichen ideologischen Elemente zu einer Weltanschauung zusammengefaßt. In ihrem Mittelpunkt stand die Rassenlehre, die den Kampf der Rassen zum Welterklärungsprinzip erhob. Der nordische Mensch – Arier, Germanen, Deutsche – gehörte einer höherwertigen Rasse an; die Juden bildeten hingegen eine minderwertige Rasse, die das Böse schlechthin verkörperte. Das Judentum war ein gefährlicher Rassenfeind: ein Parasit, der den deutschen Volkskörper von innen aushöhlte, eine international verschworene Macht, die Deutschland von außen bedrohte. Für alles, was bedrückte und ängstigte, trug der Jude die Schuld: für Deutschlands Niederlage im Ersten Weltkrieg und die „Schmach" von Versailles, für die „bolschewistische" Revolution in Rußland und im deutschen Reich, für Inflation, Arbeitslosigkeit, wirtschaftliche Misere und sozialen Abstieg. Kurzum: der Jude war die Wurzel allen Übels, und sie mußte mit Stumpf und Stil ausgerottet werden. Hitler schreckte nicht davor zurück, aus seiner Weltanschauung eine radikale Schlußfolgerung zu ziehen. In seinen Schriften sprach er ganz unverhüllt von „Entfernung", „Vernichtung" und „Ausrottung" der Juden.
Als der „Führer" der nationalsozialistischen Bewegung am 30. Januar 1933 zum Reichskanzler ernannt wurde, begann das dunkelste Kapitel der deutschen und der jüdischen Geschichte. Innerhalb kurzer Zeit schalteten die nationalsozialistischen Machthaber ihre politischen Gegner aus und errichteten eine Diktatur. Sie erklärten die „Lösung der Judenfrage" für ein vorrangiges Ziel nationalsozialistischer Politik. Der Prozeß der Judenverfolgung, der unmittelbar nach der Machtübernahme einsetzte und bis zum Zusammenbruch des „Dritten Reiches" andauerte, läßt sich in drei große Phasen gliedern. In der ersten Phase, die sich über die Friedensjahre von 1933 bis 1939 erstreckte, engten die Nationalsozialisten durch Wirtschaftsboykott, Berufsverbote und Rassengesetze den jüdischen Lebensbereich immer mehr ein; sie vertrieben die Juden aus dem Wirtschaftsleben, beraubten sie ihrer Existenzgrundlage und zwangen sie systematisch zur Auswanderung. In einer kurzen zweiten Phase von Ende 1939 bis Anfang 1941 bereiteten die Nationalsozialisten die Ausweisung der Juden aus dem Reich vor und planten die Deportation der europäischen Juden auf die Insel Madagaskar, die das besiegte Frankreich an Deutschland abtreten sollte. Während die Zweifel an der Durchführbarkeit dieses Planes zunahmen, wiesen die Mordaktionen in Polen einen anderen Weg zur „Endlösung der Judenfrage": die physische Vernichtung. Mit der systematischen Vorbereitung des Völkermordes setzte im Sommer 1941 die dritte Phase der nationalsozialistischen Judenpolitik ein. Die Deportation der europäischen Juden und ihre Ermordung in den großen Vernichtungslagern standen am Ende eines Prozesses, der immer wieder Impulse aus den inneren Widersprüchen und Machtrivalitäten des NS-Herrschaftssystems erhielt und auch durch die Kriegsentwicklung eine Beschleunigung erfuhr, aber dessen Hauptantriebskraft der zum Rassenwahn gesteigerte moderne Antisemitismus war.

1. Die nationalsozialistische Rassenideologie

Das Programm der NSDAP und seine weltanschaulichen Grundgedanken, 1920 **29**

1. Wir fordern den Zusammenschluß aller Deutschen auf Grund des Selbstbestimmungsrechtes der Völker zu einem Groß-Deutschland ...
4. Staatsbürger kann nur sein, wer Volksgenosse ist. Volksgenosse kann nur sein, wer deutschen Blutes ist, ohne Rücksichtnahme auf Konfession. Kein Jude kann daher Volksgenosse sein.
5. Wer nicht Staatsbürger ist, soll nur als Gast in Deutschland leben können und muß unter Fremdengesetzgebung stehen.
6. Das Recht, über Führung und Gesetze des Staates zu bestimmen, darf nur dem Staatsbürger zustehen. Daher fordern wir, daß jedes öffentliche Amt, gleichgültig welcher Art, gleich ob im Reich, Land oder Gemeinde, nur durch Staatsbürger bekleidet werden darf ...
7. Wir fordern, daß sich der Staat verpflichtet, in erster Linie für die Erwerbs- und Lebensmöglichkeiten der Staatsbürger zu sorgen. Wenn es nicht möglich ist, die Gesamtbevölkerung des Staates zu ernähren, so sind die Angehörigen fremder Nationen (Nicht-Staatsbürger) aus dem Reiche auszuweisen.
8. Jede weitere Einwanderung Nicht-Deutscher ist zu verhindern. Wir fordern, daß alle Nicht-Deutschen, die seit 2. August 1914 in Deutschland eingewandert sind, sofort zum Verlassen des Reichs gezwungen werden ...
24. Wir fordern die Freiheit aller religiösen Bekenntnisse im Staat, soweit sie nicht dessen Bestand gefährden oder gegen das Sittlichkeits- und Moralgefühl der germanischen Rasse verstoßen. Die Partei als solche vertritt den Standpunkt eines positiven Christentums, ohne sich konfessionell an ein bestimmtes Bekenntnis zu binden. Sie bekämpft den jüdisch-materialistischen Geist *in* und *außer* uns und ist überzeugt, daß eine dauernde Genesung unseres Volkes nur erfolgen kann von *innen* heraus auf der Grundlage:
Gemeinnutz vor Eigennutz.

Gottfried Feder, Das Programm der NSDAP und seine weltanschaulichen Grundgedanken, 23. Aufl. München 1930, S. 8 ff.

Adolf Hitler: Wandlung zum Antisemiten, 1924 **30**

Es kam die Zeit, da ich nicht mehr wie in den ersten Tagen blind durch die mächtige Stadt [Wien] wandelte, sondern mit offenem Auge außer den Bauten auch die Menschen besah.
Als ich einmal so durch die innere Stadt strich, stieß ich plötzlich auf eine Erscheinung in langem Kaftan mit schwarzen Locken. Ist dies auch ein Jude? war mein erster Gedanke.

So sahen sie freilich in Linz nicht aus. Ich beobachtete den Mann verstohlen und vorsichtig, allein je länger ich in dieses fremde Gesicht starrte und forschend Zug um Zug prüfte, um so mehr wandelte sich in meinem Gehirn die erste Frage zu einer anderen Fassung:

Ist dies auch ein Deutscher?

Wie immer in solchen Fällen begann ich nun zu versuchen, mir die Zweifel durch Bücher zu beheben. Ich kaufte mir damals um wenige Heller die ersten antisemitischen Broschüren meines Lebens. Sie gingen leider nur alle von dem Standpunkt aus, daß im Prinzip der Leser wohl schon die Judenfrage bis zu einem gewissen Grade mindestens kenne oder gar begreife. Endlich war die Tonart meistens so, daß mir wieder Zweifel kamen infolge der zum Teil so flachen und außerordentlich unwissenschaftlichen Beweisführung für die Behauptung.

Ich wurde dann wieder rückfällig auf Wochen, ja einmal auf Monate hinaus.

Die Sache schien mir so ungeheuerlich, die Bezichtigung so maßlos zu sein, daß ich, gequält von der Furcht, Unrecht zu tun, wieder ängstlich und unsicher wurde ...

Nichts hatte mich in kurzer Zeit so nachdenklich gestimmt als die langsam aufsteigende Einsicht in die Art der Betätigung der Juden auf gewissen Gebieten.

Gab es denn da einen Unrat, eine Schamlosigkeit in irgendeiner Form, vor allem des kulturellen Lebens, an der nicht wenigstens ein Jude beteiligt gewesen wäre?

So wie man nur vorsichtig in eine solche Geschwulst hineinschnitt, fand man, wie die Made im faulenden Leibe, oft ganz geblendet vom plötzlichen Lichte, ein Jüdlein.

Es war eine schwere Belastung, die das Judentum in meinen Augen erhielt, als ich seine Tätigkeit in der Presse, in Kunst, Literatur und Theater kennenlernte. Da konnten nun alle salbungsvollen Beteuerungen wenig oder nichts mehr nützen. Es genügte schon, eine der Anschlagsäulen zu betrachten, die Namen der geistigen Erzeuger dieser gräßlichen Machwerke für Kino und Theater, die da angepriesen wurden, zu studieren, um auf längere Zeit hart zu werden. Das war Pestilenz, geistige Pestilenz, schlimmer als der schwarze Tod von einst, mit der man da das Volk infizierte. Und in welcher Menge dabei dieses Gift erzeugt und verbreitet wurde! Natürlich, je niedriger das geistige und sittliche Niveau eines solchen Kunstfabrikanten ist, um so unbegrenzter aber seine Fruchtbarkeit, bis so ein Bursche schon mehr wie eine Schleudermaschine seinen Unrat der anderen Menschheit ins Antlitz spritzt. Dabei bedenke man noch die Unbegrenztheit ihrer Zahl; man bedenke, daß auf einen Goethe die Natur immer noch leicht zehntausend solcher Schmierer der Mitwelt in den Pelz setzt, die nun als Bazillenträger schlimmster Art die Seelen vergiften.

Es war entsetzlich, aber nicht zu übersehen, daß gerade der Jude in über-

reichlicher Anzahl von der Natur zu dieser schmachvollen Bestimmung auserlesen schien.
Sollte seine Auserwähltheit darin zu suchen sein?

Adolf Hitler, Mein Kampf, München 1935, S. 59—62

Adolf Hitler: Marxismus als Zerstörer der Kultur, 1924 **31**

Ich war vom schwächlichen Weltbürger zum fanatischen Antisemiten geworden.
Nur einmal noch – es war das letztemal – kamen mir in tiefster Beklommenheit ängstlich drückende Gedanken.
Als ich so durch lange Perioden menschlicher Geschichte das Wirken des jüdischen Volkes forschend betrachtete, stieg mir plötzlich die bange Frage auf, ob nicht doch vielleicht das unerforschliche Schicksal aus Gründen, die uns armseligen Menschen unbekannt, den Endsieg dieses kleinen Volkes in ewig unabänderlichem Beschlusse wünsche.
Sollte diesem Volke, das ewig nur dieser Erde lebt, die Erde als Belohnung zugesprochen sein?
Haben wir ein objektives Recht zum Kampf für unsere Selbsterhaltung, oder ist auch dies nur subjektiv in uns begründet?
Indem ich mich in die Lehre des Marxismus vertiefte und so das Wirken des jüdischen Volkes in ruhiger Klarheit einer Betrachtung unterzog, gab mir das Schicksal selber seine Antwort.
Die jüdische Lehre des Marxismus lehnt das aristokratische Prinzip der Natur ab und setzt an Stelle des ewigen Vorrechtes der Kraft und Stärke die Masse der Zahl und ihr totes Gewicht. Sie leugnet so im Menschen den Wert der Person, bestreitet die Bedeutung von Volkstum und Rasse und entzieht der Menschheit damit die Voraussetzung ihres Bestehens und ihrer Kultur. Sie würde als Grundlage des Universums zum Ende jeder gedanklich für Menschen faßlichen Ordnung führen. Und so wie in diesem größten erkennbaren Organismus nur Chaos das Ergebnis der Anwendung eines solchen Gesetzes sein könnte, so auf der Erde für die Bewohner dieses Sternes nur ihr eigener Untergang.
Siegt der Jude mit Hilfe seines marxistischen Glaubensbekenntnisses über die Völker dieser Welt, dann wird seine Krone der Totentanz der Menschheit sein, dann wird dieser Planet wieder wie einst vor Jahrmillionen menschenleer durch den Äther ziehen. Die ewige Natur rächt unerbittlich die Übertretung ihrer Gebote. So glaube ich heute im Sinne des allmächtigen Schöpfers zu handeln: *Indem ich mich des Juden erwehre, kämpfe ich für das Werk des Herrn.*

Hitler, Mein Kampf, S. 69 f.

Mitbürger,
laßt Euch nicht verhetzen!

Die national-sozialistische Arbeiterpartei veranstaltet in Würzburg in kurzer, zeitlicher Aufeinanderfolge öffentliche Versammlungen, in welchen auswärtige Redner darauf ausgehen, unter Ausbeutung der niedrigsten Instinkte, wie Ritualmordmärchen und politischer Schlagworte, das bisherige gute Einvernehmen innerhalb der hiesigen Bürgerschaft gegenüber der jüdischen Geschäftswelt zu zersetzen.

Demgegenüber appellieren wir an den gesunden Sinn unserer Mitbürger.

Wer für anständigen politischen Kampf,
wer für religiöse Duldsamkeit und Nächstenliebe eintritt,
wer die Hereinziehung politischer Gegensätze in das Wirtschaftsleben und den wirtschaftlichen Boykott verurteilt,
wer in geschlossener Einigkeit und im Zusammenarbeiten Aller den einzigen Weg zum Wiederaufbau unseres deutschen Vaterlandes sieht,
wird sich durch national-sozialistische Hetzerei nicht beeinflussen lassen, sondern überall dafür einsetzen,
daß roher, antisemitischer Kampf in Würzburgs Mauern nicht ausgetragen wird.

Ortsgruppe Würzburg
des
„Zentralvereins deutscher Staatsbürger jüdischen Glaubens".

c2093

Abb. 10: Anzeige Würzburger Juden im „General-Anzeiger" gegen die national-sozialistische Boykottpropaganda, 4. 12. 1928.

32 Joseph Goebbels, Reichspropagandaführer der NSDAP: Der Jude, 21. Januar 1929

Es ist zwecklos, sich gegen den Juden zu verteidigen. Er wird blitzschnell aus seiner Sicherheit zum Angriff vorgehen und mit seiner Rabulistik [Wortdreherei, Haarspalterei] alle Mittel der Verteidigung beim Gegner zerbrechen.

Schnell macht er aus dem Gegner das, was der eigentlich an ihm bekämpfen wollte: den Lügner, den Unfriedenstifter, den Terroristen. Nichts wäre falscher, als wollte man sich dagegen verteidigen. Das möchte der Jude ja. Er erfindet dann täglich neue Lügen, gegen die sich sein Gegner nunmehr zur Wehr setzen muß, und das Ergebnis ist, er kommt vor lauter Rechtfertigung nicht zu dem, was der Jude eigentlich fürchtet: ihn anzugreifen. Aus dem Angeklagten ist nun der Ankläger geworden, und der drückt mit viel Geschrei den Ankläger in die Anklagebank hinein. So ging es bisher immer, wenn ein Mensch oder eine Bewegung sich unterstand, den Juden zu bekämpfen. So auch würde es uns gehen, wären wir nicht bis ins letzte über seine Wesenheit orientiert, und hätten wir nicht den Mut, aus dieser Erkenntnis unsere radikalen Schlüsse zu ziehen. Und die sind:

1. Man kann den Juden nicht positiv bekämpfen. Er ist ein Negativum, und dieses Negativum muß ausradiert werden aus der deutschen Rechnung, oder es wird ewig die Rechnung verderben.
2. Man kann sich mit dem Juden nicht über die Judenfrage auseinandersetzen. Man kann ja doch niemandem nachweisen, daß man das Recht und die Pflicht habe, ihn unschädlich zu machen.
3. Man darf dem Juden im Kampf nicht die Mittel zubilligen, die man jedem ehrlichen Gegner zubilligt; denn er ist kein ehrlicher Gegner; er wird Großmut und Ritterlichkeit nur dazu ausnutzen, seinen Feind darin zu fangen.
4. Der Jude hat in deutschen Fragen nicht mitzureden. Er ist Ausländer, Volksfremder, der nur Gastrecht unter uns genießt, und zwar ausnahmslos in mißbräuchlicher Weise.
5. Die sogenannte religiöse Moral des Juden ist keine Moral, sondern eine Anleitung zum Betrug. Deshalb hat sie auch kein Anrecht auf Schutz und Schirm der Staatsgewalt.
6. Der Jude ist nicht klüger als wir, sondern nur raffinierter und gerissener. Sein System kann nicht wirtschaftlich – er kämpft ja wirtschaftlich unter ganz anderen Moralgesetzen als wir –, sondern nur politisch gebrochen werden.
7. Ein Jude kann einen Deutschen gar nicht beleidigen. Jüdische Verleumdungen sind nur Ehrennarben für einen deutschen Judengegner.
8. Der Wert eines deutschen Menschen oder einer deutschen Bewegung steigt mit der Gegnerschaft des Juden. Wird jemand vom Juden bekämpft, so spricht das absolut für hin. Wer nicht vom Juden verfolgt oder gar von ihm gelobt wird, der ist nutzlos und schädlich.
9. Der Jude beurteilt deutsche Fragen immer vom jüdischen Standpunkt aus. Deshalb ist meist das Gegenteil von dem, was er sagt, richtig.
10. Man muß zum Antisemitismus ja oder nein sagen. Wer den Juden schont, der versündigt sich am eigenen Volk. Man kann nur Judenknecht oder Judengegner sein. Die Judengegnerschaft ist eine Sache der persönlichen Sauberkeit.

Mit diesen Grundsätzen hat die judengegnerische Bewegung Aussicht auf Erfolg. Und eine solche Bewegung wird vom Juden deshalb auch nur ernst genommen und gefürchtet.

Daß er dagegen lärmt und aufbegehrt, ist nur ein Beweis dafür, daß sie richtig ist. Wir freuen uns deshalb darauf, umgehend auf diese Zeilen in den jüdischen Gazetten die diesbezügliche Quittung zu finden. Man mag dort Terror schreien. Wir antworten darauf mit dem bekannten Wort Mussolinis: „Terror? Niemals! Es ist Sozialhygiene. Wir nehmen diese Individuen aus dem Umlauf, wie ein Mediziner einen Bazillus aus dem Umlauf nimmt."

Joseph Goebbels, Der Angriff. Aufsätze aus der Kampfzeit, 10. Aufl. München 1942, S. 322—324

Abb. 11: Der „Herr der Welt". Der Stürmer Nr. 32/1943.

Tischgebet, 1938 33

O Herr, gib uns den Moses wieder,
auf daß er seine Glaubensbrüder
hinführe ins gelobte Land.

Laß noch einmal das Meer sich teilen,
und laß die hohen Wassersäulen
feststehn wie eine Felsenwand.

Und wenn in dieser Meeresrinne
das ganze Judenvolk ist drinne,
dann mach, o Herr, die Klappe zu,
und alle Völker haben Ruh'.

„Kreuz und Hakenkreuz". Der Kampf des Nationalsozialismus gegen die katholische Kirche und der kirchliche Widerstand von Johann Neuhäusler, Erster Teil, 2. Aufl. München 1946, S. 335

2. Verfolgung, Entrechtung und Enteignung

Edwin Landau, jüdischer Kaufmann: Der Boykott vom 1. April 1933 aus der Sicht eines Betroffenen, 1933 34

Der Kampf gegen das Judentum war der erste Programmpunkt, der zur Durchführung gelangte. Das Schicksal nahm seinen Lauf. Auch bei uns [Deutsch-Krone/Westpreußen] machten die Nazibanden die Straßen unsicher. So näherte sich der 1. April, der Tag des Judenboykotts. Bereits am frühen Morgen des Freitags sah man die SA mit ihren Transparenten durch die Stadt ziehen. „Die Juden sind unser Unglück", „Gegen die jüdische Greuelpropaganda im Auslande". In den Vormittagsstunden begannen sich die Posten der Nazis vor die jüdischen Geschäfte und Betriebe zu stellen, und jeder Käufer wurde darauf aufmerksam gemacht, nicht bei Juden zu kaufen. Auch vor unserem Lokal postierten sich zwei junge Nazis und hinderten die Kunden am Eintritt. Mir erschien das Ganze unbegreiflich. Es konnte mir nicht einleuchten, daß so etwas im 20. Jahrhundert überhaupt möglich sein konnte, denn solche Dinge hatten sich doch höchstens im Mittelalter ereignet. Und doch war es bittere Wahrheit, daß da draußen vor der Tür zwei Jungen in braunem Hemd standen, die ausführenden Organe Hitlers.
Und für dieses Volk hatten wir junge Juden einst im Schützengraben in Kälte und Regen gestanden und haben unser Blut vergossen, um das Land vor dem Feind zu schützen. Gab es keinen Kameraden mehr aus dieser Zeit, den dieses Treiben anekelte? Da sah man sie auf der Straße vorübergehen, darunter gar viele, denen man Gutes erwiesen hatte. Sie hatten ein Lächeln auf dem Gesicht, das ihre heimtückische Freude ver-

riet. Früher hieß es einmal im Überschwang „An deutschem Wesen soll die Welt genesen“, aber dies hier war schon Satanismus, und es war eigentlich erst der Anfang. Ich nahm meine Kriegsauszeichnungen und legte sie an, ging auf die Straße und besuchte jüdische Geschäfte, wo man mich auch zuerst anhielt. Aber in mir gärte es, und ich hätte am liebsten diesen Barbaren meinen Haß ins Gesicht geschrien. Haß, Haß – seit wann hatte dieses Element in mir Platz ergriffen? – Seit einigen Stunden erst war in mir eine Wandlung eingetreten. Dieses Land, und dieses Volk, das ich bisher liebte und schätzte, war mir plötzlich zum Feinde geworden. Ich war also kein Deutscher mehr, oder ich sollte es nicht mehr sein. Das läßt sich natürlich nicht in einigen Stunden abmachen. Aber das eine empfand ich plötzlich: ich schämte mich, daß ich einst zu diesem Volk gehörte. Ich schämte mich über das Vertrauen, das ich so vielen geschenkt hatte, die sich nun als meine Feinde demaskierten. Plötzlich erschien mir auch die Straße fremd, ja die ganze Stadt war mir fremd geworden. Es gibt nicht die richtigen Worte, um die Empfindungen zu schildern, die ich in diesen Stunden erlebte. Zu Hause angelangt, ging ich auf den einen Posten zu, den ich kannte, und der auch mich kannte, und sagte ihm: „Als Sie noch in den Windeln lagen, hab ich schon draußen für dieses Land gekämpft.“ Er erwiderte: „Sie sollten mir aus meiner Jugend keinen Vorwurf machen, Herr . . ., aber ich bin kommandiert worden, hier zu stehen.“ Ich sah in sein junges Gesicht und dachte mir, er hat recht. Arme irregeführte Jugend! . . .

Als ich, wie stets, im Kreise meiner Familie den Sabbat einweihte, als ich an die Stelle im Gebet kam, „der Du uns erwählt hast von allen anderen Völkern“ und meine Kinder sah, die mich mit ihren unschuldigen und fragenden Augen anblickten, da war es mit meiner Fassung vorbei; da entlud sich in mir die Schwere des erlebten Tages, und ich brach zusammen, die letzten Worte nur noch stammelnd. Die Kinder wußten oder begriffen nicht, warum ich heftig weinte, aber ich wußte: Das war mein Abschied vom Deutschtum, meine innere Trennung vom gewesenen Vaterland – ein Begräbnis. Ich begrub 43 Jahre meines Lebens. Und wäre es nur der eine und einzige Tag solchen Erlebens gewesen, jetzt *konnte* ich kein Deutscher mehr sein.

Richarz (Hrsg.), Jüdisches Leben in Deutschland, Bd. 3, S. 104 f.

Abb. 12: Die Emigration der deutschen Intelligenz. Ausschnitt aus einem Gemälde von Arthur Kaufmann, entstanden 1938–1965. Städtisches Museum, Mülheim/Ruhr (vgl. S. 84).

35 Anweisung der NSDAP-Gauleitung Koblenz-Trier an alle Kreisleitungen über die Bildung von Ausschüssen zur „Judenbekämpfung", 7. Juni 1933

Es geht Ihnen in den nächsten Tagen eine gesammelte Liste der Orte Ihres Kreises zu, in welcher Sie die jüdischen Geschäfte und Firmen Ihres Kreises aufgezeichnet finden ... Die Kreisleitung bestimmt einen Ausschuß, welcher über das ganze Kreisgebiet die Orte zu leiten und überwachen hat ... Der Ausschuß bildet in allen Ortsgruppen und Stützpunkten Unterausschüsse, deren Namen nur dem Kreisausschuß bekannt sein darf. Die Mitglieder der Unterausschüsse werden dem Kreisausschuß den Namen derjenigen Parteigenossen und sonstiger Deutscher in der Hauptsache Beamten melden, welche bei Juden kaufen. Der Kreisausschuß vervielfältigt Schreiben, deren Inhalt so ist, daß er die fehlenden Volksgenossen auf das Schändliche ihrer Tat hinweist, sie aufmerksam macht auf die Schande, der sie preisgegeben würden, wenn in der Öffentlichkeit gegen sie vorgegangen würde. Dieses Schreiben muß so abgestellt sein, daß nur die Adressen des Betreffenden, das Geschäft und die Zeit, in welcher er seine Einkäufe tätigte, eingesetzt werden muß. Die Schreiben tragen keine Unterschrift und werden an verschiedenen Poststellen aufgegeben. Im weiteren haben die Ausschüsse, sich sofort Verkäuferinnen aus jüdischen Geschäften sicher zu stellen, welche ihnen dann sehr leicht diejenigen Leute nennen können, die in jüdischen Geschäften kaufen. Dieses setzt aber einige Geschicklichkeit voraus und hat äußerst geheim zu geschehen. Die Namen der Verkäuferinnen dürfen in keinem Fall genannt werden. Es ist mit dem Kampfbund für den gewerblichen Mittelstand in Verbindung zu treten, daß er die Mittel zu dieser Aktion bereitstellt und sich verpflichtet, die Verkäuferinnen, ohne daß ihnen die Namen genannt werden, sondern nur die Zahl derselben, bei einer evtl. Entlassung in anderen gleichwertigen Geschäften unterzubringen hat ... Die Parteigenossenschaft muß im Interesse der Nation soweit gehen, daß sie den besten Bekannten die Freundschaft kündigt, wenn sie weiterhin beim Juden kaufen. Es muß soweit kommen, darauf ist ausdrücklich hinzuweisen, daß kein Deutscher, wenn es nicht irgend sein muß, mit einem Juden spricht.
Deutsche Mädchen welche mit Juden verkehren, sind vorläufig auf das Schändliche ihrer Handlung aufmerksam zu machen. Ein Mitglied unserer Organisation darf auf keinen Fall sich mit einer solchen Person einlassen.

Kurt Pätzold (Hrsg.), Verfolgung Vertreibung Vernichtung. Dokumente des faschistischen Antisemitismus 1933 bis 1942, Leipzig 1984, S. 55 f.

Abb. 13: NS-Propaganda für den gesellschaftlichen Boykott der Juden 1935.

a) Inschrift an einem Motorboot auf der Havel bei Berlin (1935).

b) Öffentliche Schilder in einer mitteldeutschen Stadt (Sommer 1935).

36 Die „Nürnberger Gesetze“ [10], 1935

a) Das Reichsbürgergesetz vom 15. September 1935

Reichsbürger sind nur Staatsangehörige deutschen oder artverwandten Bluts. Der Reichsbürger ist der alleinige Träger der politischen Rechte. Staatsangehöriger ist, wer dem Schutzverband des Deutschen Reiches angehört (Staatsangehörige – nicht Reichsbürger – können also auch Nichtarier sein).

b) Das Gesetz zum Schutz des deutschen Blutes und der deutschen Ehre vom 15. September 1935

§ 1: Eheschließungen zwischen Juden und Staatsangehörigen deutschen oder artverwandten Blutes sind verboten. Trotzdem geschlossene Ehen sind nichtig.

§ 2: Außerehelicher Verkehr zwischen Juden und Staatsangehörigen deutschen oder artverwandten Blutes ist verboten.

§ 3: Juden dürfen weibliche Staatsangehörige deutschen oder artverwandten Blutes unter 45 Jahren in ihrem Haushalt nicht beschäftigen.

§ 4: Juden ist das Hissen der Reichs- und Nationalflagge und das Zeigen der Reichsfarben verboten. Das „Zeigen der jüdischen Farben“ ist ihnen gestattet.

§ 5: Strafbestimmungen (§ 1 Zuchthaus, § 2 für Männer Zuchthaus oder Gefängnis, § 3 u. 4 Gefängnis und/oder Geldstrafe).

c) Erste Verordnung zum Reichsbürgergesetz vom 14. November 1935

Juden (d. h. wer von mindestens 3 der Rasse nach volljüdischen Großeltern abstammt, wobei als volljüdisch gilt, wer der jüdischen Religionsgemeinschaft angehört, oder Mischlinge mit 2 volljüdischen Großeltern, wenn der Mischling beim Erlaß des Gesetzes der jüdischen Religionsgemeinschaft angehört, ihr später beitritt oder beim Erlaß des Gesetzes mit einem Juden verheiratet ist oder sich danach mit einem Juden verheiratet, sowie nach dem 31. 7. 36 geborene außereheliche Nachkommen von Juden) können nicht Reichsbürger sein, haben kein politisches Stimmrecht und können kein öffentliches Amt bekleiden. Jüdische Beamte treten mit Ablauf des 31. 12. 35 in den Ruhestand, Frontkämpfer erhalten als Ruhegehalt bis zur Erreichung der Altersgrenze die bisherigen Bezüge. Jüdische Lehrer in öffentlichen jüdischen Schulen bleiben bis zu einer Neuregelung im Dienst.

Der Führer kann Befreiung von den Vorschriften erteilen.

d) Erste Verordnung zum Gesetz zum Schutze des deutschen Blutes und der deutschen Ehre vom 14. November 1935

---

[10] Der alljährlich in Nürnberg veranstaltete Reichsparteitag der NSDAP schloß 1935 mit einer Sitzung des nationalsozialistischen Reichstags, der die Rassegesetze verabschiedete. Daher hat sich für die NS-Rassegesetze von 1935 die Bezeichnung „Nürnberger Gesetze“ eingebürgert.

Verboten sind auch Ehen zwischen Juden und Mischlingen, die nur einen jüdischen Großelternteil haben („Mischling“ und „Jude“ wie in der 1. Verordnung zum Reichsbürgergesetz vom 14. 11. 35) und zwischen solchen Mischlingen. Mischlinge mit 2 volljüdischen Großeltern bedürfen zur Eheschließung mit Staatsangehörigen deutschen oder artverwandten Bluts oder mit Mischlingen, die nur einen volljüdischen Großelternteil haben, der Genehmigung des Innenministers und des Führer-Stellvertreters. Als außerehelicher Verkehr gilt nur Geschlechtsverkehr.
Das Verbot der Beschäftigung weiblicher Staatsangehöriger deutschen Blutes in jüdischen Haushalten gilt für Haushalte, zu denen ein jüdischer Mann (über 16 Jahre) gehört.
Weibliche Staatsangehörige deutschen Blutes, die bei Erlaß des Gesetzes in einem jüdischen Haushalt beschäftigt waren, können das Arbeitsverhältnis fortsetzen, wenn sie am 31. 12. 35 mindestens 35 Jahre alt sind.
Ehen sollen nicht geschlossen werden, wenn aus ihnen eine die Reinerhaltung des deutschen Blutes gefährdende Nachkommenschaft zu erwarten ist. Die Vermeidung dieser Gefahr ist im Ehetauglichkeitszeugnis nachzuweisen (§ 2 des Ehegesundheitsgesetzes vom 18. 10. 35).

Reichsgesetzblatt I, 1935, S. 1146 f., S. 1333—1336

Joseph Goebbels: Wesen, Methoden und Ziele der Propaganda. Rede auf dem Nürnberger Parteitag der NSDAP, 16. November 1935 **37**

Vor allem dürfen wir in schwierigen Fragen keinen Dilettantismus obwalten lassen, vor allem in so kolossal komplizierten Fragen, wie es etwa die Judenfrage oder die Kirchenfrage ist. Es soll nicht jeder darüber reden, der nichts davon versteht. Vor allem sollten wir uns da nicht mit billigen Schlagworten zufriedengeben, sondern wir sollen die Dinge schildern so wie sie sind. Ich glaube beispielsweise, wenn ich – äh, in meiner Kongreßrede den Bolschewismus – äh, zerlegte und ihn nun in dem Personenkreis umschrieb, der fast ausschließlich jüdisch ist, – ich glaube, daß das eine sehr wirksame antisemitische Propaganda ist. Und ich glaube, wenn wir uns dieses Materials bedienen, daß wir damit durchschlagender wirken, als wenn wir uns nur mit allgemeinen Redewendungen begnügen . . .
Wenn ich in der Propaganda zum Ausdruck bringe: Die Juden haben *überhaupt* nichts mehr zu verlieren! – ja, dann dürfen Sie sich nicht wundern, wenn sie kämpfen. Oder wenn ich sage: Die Kleriker haben *gar nichts* mehr zu verlieren, es gibt keinen Pardon! –, dann haben Sie die Kirchen eben *grundsätzlich* gegen sich, zu *jeder* Stunde. Wenn Sie ihnen keine Chance mehr bieten, nein, man muß das immer offenlassen. Wie zum Beispiel gestern in meisterhafter Weise der Führer das in seiner Rede getan hat: Wir hoffen, daß – äh, mit diesen Judengesetzen nun die Möglichkeit besteht, ein erträgliches Verhältnis zwischen dem deutschen

und dem jüdischen Volk herbeizuführen und – (Heiterkeit). Das nenne ich *Geschick!* Das ist *gekonnt!* Wenn man aber gleich dahinter gesagt hätte: So, das sind die *heutigen* Judengesetze; Ihr sollt nun nicht glauben, daß das alles ist, im nächsten Monat – da ist *gar nichts* mehr dran zu ändern –, nächsten Monat kommen die nächsten, und zwar so, bis Ihr *bettelarm* wieder im Ghetto sitzt –, ja, dann dürfen Sie sich nicht wundern, wenn die Juden die ganze Welt gegen uns mobilmachen. Wenn Sie ihnen aber eine Chance geben, eine *geringe* Lebensmöglichkeit, dann sagen sich die Juden: Ha, wenn die jetzt im Ausland wieder anfangen zu hetzen, dann wird's noch schlimmer; also Kinder, seid doch mal still, *vielleicht* geht's doch! (Heiterkeit, Beifall.)

Und vor allem: die Juden laufen uns ja nicht weg. Auch die Kirchen laufen nicht weg. Glauben Sie nicht, daß – äh, der Erzbischof von Köln nachts mit dem Kolpingverein den Kölner Dom heimlich über die Grenze schafft und kann dann sagen: So! (Gelächter.) Nein (der Redner klopft wiederholt auf das Pult), die sind ja da. Die Kirchen sind auch da und die Gläubigen sind auch da und die Juden sind auch da. Und ihr Vermögen ist auch da. Das ist ganz gut, wenn sie da sind. Es könnte einmal möglich sein, daß in einer kommenden schwierigen Auseinandersetzung sie uns als sehr gutes Faustpfand dienen könnten (Beifall). Wir müssen endgültig aus unserem Gehirn jenes bürgerliche, dumme Wort herausbringen: Viel Feind', viel Ehr'. Möglichst nach allen Seiten schlagen; ja, und gar nicht richtig schauen, wohin man schlägt, sondern: Von hier in einem Umkreis von fünf Metern – wehe, wer hineinkommt, ob Freund oder Feind! (Heiterkeit.) Nein, wir müssen uns unsere Feinde wählen. Und zwar dann, wenn wir wissen: So, *jetzt* geht's auf seine Vernichtung aus. Dann werden wir auch die Macht behalten, – vor allem, wenn wir diese Aktionen so anlegen, daß sie immer kommen, wenn das Volk sie erwartet.

Helmut Heiber (Hrsg.), Goebbels-Reden, Bd. 1, 1932—1939, Düsseldorf 1971, S. 248 bis 250

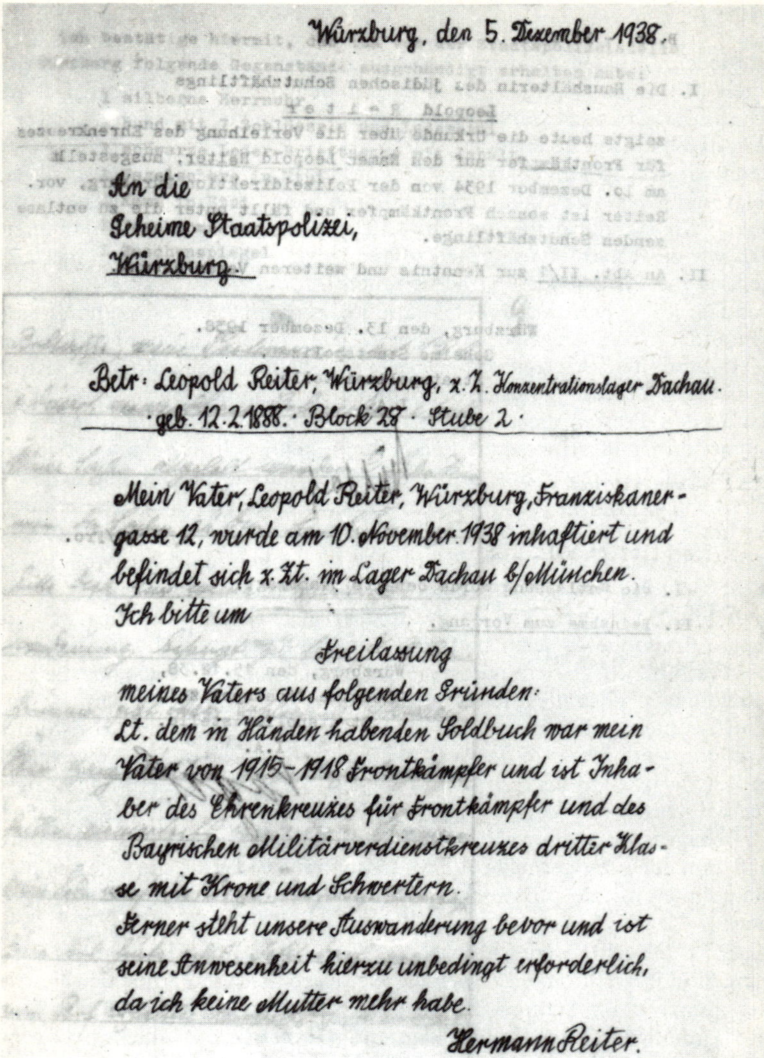

Würzburg, den 5. Dezember 1938.

An die
Geheime Staatspolizei,
Würzburg.

Betr: Leopold Reiter, Würzburg, z. Z. Konzentrationslager Dachau.
·geb. 12.2.1888.· Block 28 · Stube 2·

Mein Vater, Leopold Reiter, Würzburg, Franziskanergasse 12, wurde am 10. November 1938 inhaftiert und befindet sich z. Zt. im Lager Dachau b/München.
Ich bitte um

Freilassung

meines Vaters aus folgenden Gründen:
Lt. dem in Händen habenden Soldbuch war mein Vater von 1915–1918 Frontkämpfer und ist Inhaber des Ehrenkreuzes für Frontkämpfer und des Bayrischen Militärverdienstkreuzes dritter Klasse mit Krone und Schwertern.
Ferner steht unsere Auswanderung bevor und ist seine Anwesenheit hierzu unbedingt erforderlich, da ich keine Mutter mehr habe.

Hermann Reiter.

Abb. 14: Brief eines elfjährigen Schülers an die Geheime Staatspolizei in Würzburg. Die Geheime Staatspolizei erfüllt die Bitte. Leopold Reiter bemüht sich nach seiner Entlassung aus dem Konzentrationslager vergeblich um eine Ausreise. Am 27. November 1941 wird er mit seinen beiden Söhnen Hermann und Heinrich in den Osten deportiert.

38 Marta Appel, Ehefrau des Rabbiners Dr. Ernst Appel: Memoiren (verfaßt 1940/41)

Mit jedem Tag der Naziherrschaft wurde die Kluft zwischen uns und unseren Mitbürgern weiter. Freunde, mit denen wir lange Jahre freundschaftlich verbunden waren, kannten uns nicht mehr. Plötzlich stellten sie fest, daß wir eben doch anders waren als sie. Natürlich waren wir anders, denn wir trugen schließlich das Stigma des Nazihasses, wir wurden verfolgt und gejagt wie Wild. Durch die prominente Stellung meines Mannes waren wir ständig gefährdet. Oft ließ man uns Warnungen zukommen, daß wir nicht nach Hause gehen sollten. Aber wohin wir auch immer gingen, es gab für uns keine Sicherheit mehr . . .

Seitdem ich in Dortmund lebte, hatte ich mich alle vier Wochen mit einigen anderen Frauen getroffen, die auch aus meiner geliebten Heimatstadt Metz stammten: Als Lehrerinnen oder als Schülerinnen waren wir alle an demselben Lyzeum gewesen. Seitdem die Nazis an der Macht waren, hatte ich an den Treffen nicht mehr teilgenommen, ich wollte meinen Freundinnen durch die Anwesenheit einer Jüdin keine Schwierigkeiten machen, schließlich trafen wir uns immer in der Öffentlichkeit, in einem Café. Eines Tages begegnete ich auf der Straße einer meiner alten Lehrerinnen. Sie hatte Tränen in den Augen, als sie sagte: „Komm doch wieder zu uns; wir vermissen dich. Es tut uns leid, daß du denken mußt, wir wollen dich nicht mehr bei uns haben. Keine von uns hat ihre Gefühle dir gegenüber geändert." Sie versuchte, mich zu überzeugen, daß alle nach wie vor meine Freundinnen seien und wollte meine Zweifel beschwichtigen. Daher beschloß ich, zu dem nächsten Treffen zu gehen. Ich habe mir die Entscheidung wirklich nicht leicht gemacht und konnte in der Nacht vor dem Treffen nicht schlafen. Ich fürchtete einerseits für meine christlichen Freunde – um nichts in der Welt wollte ich sie durch meine Anwesenheit in Schwierigkeiten bringen –, andererseits hatte ich auch um mich Angst. Ich wußte, ich würde sie sehr genau beobachten. Auch der Schatten eines Unbehagens bei meinem Eintreten würde mir nicht entgehen. Ich wußte, daß mir auch die geringste Veränderung einer Stimme auffallen würde, sie konnten mich nicht täuschen. Würden sie Angst haben, mit mir zu reden?

Aber ich brauchte weder in ihren Augen zu lesen noch auf die Veränderungen in ihren Stimmen zu achten. Der leere Tisch in der kleinen Nische, der immer unser Stammplatz gewesen war, sprach eine deutliche Sprache. Unnötig, daß der Kellner kam, um mir zu erklären, daß am Vormittag eine Dame den Tisch telefonisch abbestellt habe. Ich konnte es ihnen nicht zum Vorwurf machen. Warum sollten sie riskieren, möglicherweise ihre Stellung zu verlieren, nur um mir zu beweisen, daß Juden noch Freunde in Deutschland haben?

Richarz (Hrsg.), Jüdisches Leben in Deutschland, Bd. 3, S. 232 f.

Blitzfernschreiben des SS-Gruppenführers und Chefs der Sicherheitspolizei Heydrich, München, 10. November 1938, 1 Uhr 20 **39**

An alle Staatspolizeileit- und Staatspolizeistellen.
An alle SD-Oberabschnitte und SD-Unterabschnitte.
Dringend! Sofort dem Leiter oder seinem Stellvertreter vorlegen!
Betr.: Maßnahmen gegen Juden in der heutigen Nacht.

Aufgrund des Attentats gegen ... vom Rath [11] in Paris sind im Laufe der heutigen Nacht – 9. auf 10. 11. 1938 – im ganzen Reich Demonstrationen gegen die Juden zu erwarten. Für die Behandlung dieser Vorgänge ergehen die folgenden Anordnungen:

1) Die Leiter der Staatspolizeistellen oder ihre Stellvertreter haben sofort nach Eingang dieses Fernschreibens mit den für ihren Bezirk zuständigen politischen Leitungen – Gauleitung oder Kreisleitung – fernmündlich Verbindung aufzunehmen und eine Besprechung über die Durchführung der Demonstrationen zu vereinbaren, zu der der zuständige Inspekteur oder Kommandeur der Ordnungspolizei zuzuziehen ist. In dieser Besprechung ist der politischen Leitung mitzuteilen, daß die Deutsche Polizei vom Reichsführer SS und Chef der Deutschen Polizei die folgenden Weisungen erhalten hat, denen die Maßnahmen der politischen Leitungen zweckmäßig anzupassen wären:

a) Es dürfen nur solche Maßnahmen getroffen werden, die keine Gefährdung deutschen Lebens oder Eigentums mit sich bringen (z. B. Synagogenbrände nur, wenn keine Brandgefahr für die Umgebung vorhanden ist).

b) Geschäfte und Wohnungen von Juden dürfen nur zerstört, nicht geplündert werden. Die Polizei ist angewiesen, die Durchführung dieser Anordnung zu überwachen und Plünderer festzunehmen.

c) In Geschäftsstraßen ist besonders darauf zu achten, daß nichtjüdische Geschäfte unbedingt gegen Schäden gesichert werden.

d) Ausländische Staatsangehörige dürfen – auch wenn sie Juden sind – nicht belästigt werden.

2) Unter der Voraussetzung, daß die unter 1) angegebenen Richtlinien eingehalten werden, sind die stattfindenden Demonstrationen von der Polizei nicht zu verhindern, sondern nur auf die Einhaltung der Richtlinien zu überwachen.

3) Sofort nach Eingang dieses Fernschreibens ist in allen Synagogen und Geschäftsräumen der Jüdischen Kultusgemeinden das vorhandene Archivmaterial polizeilich zu beschlagnahmen, damit es nicht im Zuge der Demonstrationen zerstört wird. Es kommt dabei auf das historisch wert-

[11] Am 7. November 1937 verübte der in Hannover geborene und dort aufgewachsene 17jährige polnische Jude Herschel Grünspan aus Protest gegen die Zwangsausweisung seiner Eltern ein Attentat auf den deutschen Gesandtschaftsrat Ernst vom Rath. Zwei Tage nach dem Anschlag erlag der Diplomat den schweren Schußverletzungen.

volle Material an, nicht auf neuere Steuerlisten usw. Das Archivmaterial ist an die zuständigen SD-Dienststellen abzugeben.

4) Die Leitung der sicherheitspolizeilichen Maßnahmen hinsichtlich der Demonstrationen gegen Juden liegt bei den Staatspolizeistellen, soweit nicht die Inspekteure der Sicherheitspolizei Weisungen erteilen. Zur Durchführung der sicherheitspolizeilichen Maßnahmen können Beamte der Kriminalpolizei sowie Angehörige des SD, der Verfügungstruppe und der Allgemeinen SS zugezogen werden.

5) Sobald der Ablauf der Ereignisse dieser Nacht die Verwendung der eingesetzten Beamten hierfür zuläßt, sind in allen Bezirken so viele Juden – insbesondere wohlhabende – festzunehmen, als in den vorhandenen Hafträumen untergebracht werden können. Es sind zunächst nur gesunde männliche Juden nicht zu hohen Alters festzunehmen. Nach Durchführung der Festnahme ist unverzüglich mit den zuständigen Konzentrationslagern wegen schnellster Unterbringung der Juden in den Lagern Verbindung aufzunehmen. Es ist besonders darauf zu achten, daß die aufgrund dieser Weisung festgenommenen Juden nicht mißhandelt werden.

6) Der Inhalt dieses Befehls ist an die zuständigen Inspekteure und Kommandeure der Ordnungspolizei und an die SD-Oberabschnitte und SD-Unterabschnitte weiterzugeben mit dem Zusatz, daß der Reichsführer-SS und Chef der Deutschen Polizei diese polizeiliche Maßnahme angeordnet hat. Der Chef der Ordnungspolizei hat für die Ordnungspolizei einschließlich der Feuerlöschpolizei entsprechende Weisungen erteilt. In der Durchführung der angeordneten Maßnahmen ist engstes Einvernehmen zwischen der Sicherheitspolizei und der Ordnungspolizei zu wahren. Der Empfang dieses Fernschreibens ist von den Stapoleitern oder deren Stellvertretern durch FS an das Geheime Staatspolizeiamt – z. Hd. SS-Standartenführer Müller – zu bestätigen.

Heinz Lauber, Judenpogrom: „Reichskristallnacht" November 1938 in Großdeutschland, Gerlingen 1981, S. 80—82

40 **Protokoll der Besprechung Hermann Görings[12] mit Leitern der Obersten Reichsbehörden** am 12. November 1938

Göring: Meine Herren, die heutige Sitzung ist von entscheidender Bedeutung. Ich habe einen Brief bekommen, den mir der Stabsleiter des Stellvertreters des Führers, Bormann, im Auftrag des Führers geschrieben hat, wonach die Judenfrage jetzt einheitlich zusammengefaßt werden soll und so oder so zur Erledigung zu bringen ist. Durch telefonischen Anruf

[12] Hermann Göring, der „Zweite Mann des Dritten Reiches", war im November 1938 als Beauftragter des Vierjahresplans verantwortlich für die Mobilisierung der wirtschaftlichen Kräfte im Dienste der Wiederaufrüstung.

bin ich gestern vom Führer noch einmal darauf hingewiesen worden, jetzt die entscheidenden Schritte zentral zusammenzufassen.
Da das Problem in der Hauptsache ein umfangreiches wirtschaftliches Problem ist, wird hier der Hebel angesetzt werden müssen. Selbstverständlich ergeben sich daraus auch eine Reihe rechtlicher Maßnahmen, die sowohl in das Gebiet des Justizministers wie des Innenministers fallen, dann die daraus zu folgernden Propagandamaßnahmen, die in das Gebiet des Herrn Propagandaministers fallen, selbstverständlich auch Maßnahmen des Finanzministers und des Wirtschaftsministers.
... Denn, meine Herren, diese Demonstrationen habe ich satt. Sie schädigen nicht den Juden, sondern schließlich mich, der ich die Wirtschaft als letzte Instanz zusammenzufassen habe. Wenn heute ein Geschäft zertrümmert wird, wenn Waren auf die Straße geschmissen werden, dann ersetzt die Versicherung dem Juden den Schaden – er hat ihn gar nicht –, und zweitens sind Konsumgüter, Volksgüter zerstört worden. Wenn in Zukunft schon Demonstrationen, die unter Umständen notwendig sein mögen, stattfinden, dann bitte ich nun endgültig, sie so zu lenken, daß man sich nicht in das eigene Fleisch schneidet. Denn es ist irrsinnig, ein jüdisches Warenhaus auszuräumen und anzuzünden, und dann trägt eine deutsche Versicherungsgesellschaft den Schaden, und die Waren, die ich dringend brauche – ganze Abteilungen Kleider und was weiß ich alles –, werden verbrannt und fehlen mir hinten und vorn. Da kann ich gleich die Rohstofe anzünden, wenn sie hereinkommen ...
Göring: Mir wäre lieber gewesen, ihr hättet 200 Juden erschlagen und hättet nicht solche Werte vernichtet ...
Heydrich[13]*:* Bei allem Herausnehmen des Juden aus dem Wirtschaftsleben bleibt das Grundproblem letzten Endes doch immer, daß der Jude aus Deutschland herauskommt. Darf ich dazu einige Vorschläge machen? Wir haben in Wien auf Weisung des Reichskommissars eine Judenauswanderungszentrale eingerichtet, durch die wir in Österreich immerhin 50 000 Juden herausgebracht haben, während im Altreich in der gleichen Zeit nur 19 000 Juden herausgebracht werden konnten, und zwar ist uns das durch Zusammenarbeit mit dem zuständigen Wirtschaftsministerium und den ausländischen Hilfsorganisationen gelungen ... Durch legale Maßnahmen sind zum mindesten 45 000 Juden herausgebracht worden.
Göring: Wie war das möglich?
Heydrich: Wir haben das in der Form gemacht, daß wir den reichen Juden, die auswandern wollten, bei der jüdischen Kulturgemeinde eine gewisse Summe abgefordert haben. Mit dieser Summe und Devisenzuzahlungen konnte dann eine Anzahl der armen Juden herausgebracht wer-

[13] Reinhard Heydrich, „Chef der Sicherheitspolizei und des SD", für die „Auswanderung" von Juden zuständig.

den. Das Problem war ja nicht, den reichen Juden herauszukriegen, sondern den jüdischen Mob.

Göring: Aber, Kinder, habt ihr euch das einmal überlegt? Es nützt doch auch nichts, daß wir vom jüdischen Mob Hunderttausende herauskriegen. Habt ihr euch überlegt, ob dieser Weg nicht letzten Endes so viele Devisen kostet, daß er auf die Dauer nicht gangbar ist?

Heydrich: ... Darf ich vorschlagen, daß wir eine ähnliche Zentrale im Reich unter Beteiligung der zuständigen Reichsbehörden einrichten ...

Göring: Einverstanden.

Heydrich: Das Zweite, um die Juden herauszubekommen, müßte eine Auswanderungsaktion für das Judentum im übrigen Reich sein, die sich auf mindestens 8 bis 10 Jahre erstreckt. Wir kriegen im Jahr nicht mehr als höchstens 8000 bis 10 000 Juden heraus. Es bleibt also eine Unzahl Juden drin. Durch die Arisierung und die sonstigen Beschränkungen wird natürlich das Judentum arbeitslos. Wir erleben eine Verproletarisierung des zurückbleibenden Judentums. Ich muß also in Deutschland solche Maßnahmen treffen, daß sie auf der einen Seite den Juden isolieren, damit er nicht in den normalen Lebenskreis des Deutschen eintritt. Ich muß aber auf der anderen Seite Möglichkeiten schaffen, die den Juden auf einen engsten Kundenkreis beschränken, aber eine bestimmte Betätigung zulassen, in der Rechtsanwaltsfrage, Arztfrage, Friseurfrage usw. ... Für die Isolierung möchte ich einige Vorschläge kurz unterbreiten, die auch wegen ihres psychologischen Einflusses auf die öffentliche Meinung von Wert sind. Z. B. die persönliche Kennzeichnung des Juden, indem man sagt: Jeder Jude im Sinne der Nürnberger Gesetze muß ein bestimmtes Abzeichen tragen. Das ist eine Möglichkeit, die viele andere Dinge erleichtert – in bezug auf Ausschreitungen sehe ich keine Gefahr –, die uns auch das Verhältnis zum ausländischen Juden erleichtert.

Göring: Eine Uniform!

Heydrich: Ein Abzeichen ...

Göring: ... Wenn das Deutsche Reich in irgendeiner absehbaren Zeit in außenpolitischen Konflikt kommt, so ist es selbstverständlich, daß auch wir in Deutschland in allererster Linie daran denken werden, eine große Abrechnung an den Juden zu vollziehen.

Pätzold (Hrsg.), Verfolgung Vertreibung Vernichtung, S. 175—180

41 3. Deportation und Völkermord

Rede Adolf Hitlers vor dem Reichstag am 30. Januar 1939

Ich möchte zur jüdischen Frage folgendes bemerken: Es ist ein beschämendes Schauspiel, heute zu sehen, wie die ganze Welt der Demokratie vor Mitleid trieft, dem armen gequälten jüdischen Volk gegenüber allein

hartherzig verstockt bleibt angesichts der dann doch offenkundigen Pflicht, zu helfen. Die Argumente, mit denen man die Nichthilfe entschuldigt, sprechen nur für uns Deutsche und Italiener. Denn man sagt:
1. „Wir – also die Demokratien – sind nicht in der Lage, die Juden aufzunehmen!“ Dabei kommen in diesen Weltreichen noch keine zehn Menschen auf den Quadratkilometer, während Deutschland 135 auf den Quadratkilometer zu ernähren hat, aber trotzdem dazu in der Lage sein soll.
2. Man versichert: Wir können sie nicht nehmen, außer denn sie erhalten z. B. von Deutschland einen bestimmten Kapitalsbetrag zur Einwanderung.

Deutschland war allerdings jahrhundertelang gut genug, diese Elemente aufzunehmen, obwohl sie außer ansteckenden politischen und sanitären Krankheiten nichts besaßen . . .

Man bleibe uns also vom Leib mit Humanität. Das deutsche Volk wünscht nicht, daß seine Belange von einem fremden Volk bestimmt und regiert werden. Frankreich den Franzosen, England den Engländern, Amerika den Amerikanern und Deutschland den Deutschen! Wir sind entschlossen, das Einnisten eines fremden Volkes, das sämtliche Führungsstellen an sich zu reißen gewußt hat, zu unterbinden und dieses Volk abzuschieben; denn wir sind gewillt, für diese Führungsstellen unser eigenes Volk zu erziehen . . .

Vor allem aber die deutsche Kultur ist, wie schon ihr Name sagt, eine deutsche und keine jüdische, und es wird daher auch ihre Verwaltung und Pflege in die Hände unseres Volkes gelegt. Wenn aber die übrige Welt mit heuchlerischer Miene aufschreit über diese barbarische Austreibung eines so unersetzbaren, kulturell wertvollsten Elementes aus Deutschland, dann können wir nur erstaunt sein über die Folgerungen, die daraus gezogen werden. Denn wie müßte man uns dankbar sein, daß wir diese herrlichen Kulturträger freigeben und der anderen Welt zur Verfügung stellen. Sie kann nach ihren eigenen Erklärungen nicht einen Grund zur Entschuldigung anführen, weshalb sie diesen wertvollsten Menschen die Aufnahme in ihren Ländern verweigert. Es ist ja auch nicht einzusehen, weshalb man die Angehörigen dieser Rasse sonst gerade dem deutschen Volk zumutet, aber in den so sehr für diese „prächtigen Leute“ schwärmenden Staaten die Aufnahme plötzlich unter allen nur möglichen Ausflüchten ablehnt. Ich glaube, daß dieses Problem je eher um so besser gelöst wird. Denn Europa kann nicht mehr zur Ruhe kommen, bevor nicht die jüdische Frage ausgeräumt ist. Es kann sehr wohl möglich sein, daß über diesem Problem früher oder später eine Einigung in Europa selbst zwischen solchen Nationen stattfindet, die sonst nicht so leicht den Weg zueinander finden würden. Die Welt hat Siedlungsraum genügend, es muß aber endgültig mit der Meinung gebrochen werden, als sei das jüdische Volk vom lieben Gott eben dazu bestimmt, in einem gewissen Prozentsatz Nutznießer am Körper und an der produktiven Arbeit anderer Völker zu

sein. Das Judentum wird sich genau so einer soliden aufbauenden Tätigkeit anpassen müssen, wie es andere Völker auch tun, oder es wird früher oder später einer Krise von unvorstellbarem Ausmaße erliegen.
Und eines möchte ich an diesem vielleicht nicht nur für uns Deutsche denkwürdigen Tage nun aussprechen: Ich bin in meinem Leben sehr oft Prophet gewesen und wurde meistens ausgelacht. In der Zeit meines Kampfes um die Macht war es in erster Linie das jüdische Volk, das nur mit Gelächter meine Prophezeiungen hinnahm, ich würde einmal in Deutschland die Führung des Staates und damit des ganzen Volkes übernehmen und dann unter vielen anderen auch das jüdische Problem zur Lösung bringen. Ich glaube, daß dieses damalige schallende Gelächter dem Judentum in Deutschland unterdes wohl schon in der Kehle erstickt ist.
Ich will heute wieder ein Prophet sein: Wenn es dem internationalen Finanzjudentum in und außerhalb Europas gelingen sollte, die Völker noch einmal in einen Weltkrieg zu stürzen, dann wird das Ergebnis nicht die Bolschewisierung der Erde und damit der Sieg des Judentums sein, sondern die Vernichtung der jüdischen Rasse in Europa.

Max Domarus, Hitler. Reden und Proklamationen 1932—1945, Bd. 2, Würzburg 1963, S. 1056—1058

42 Elisabeth Freund, Nichte des Chemikers und Nobelpreisträgers Fritz Haber und Ehefrau des Großindustriellen Rudolf Freund: Erlebnisbericht, 1941

In der letzten Woche haben eine ganze Anzahl von jüdischen Familien in Berlin Wohnungskündigungen erhalten. Und zwar nicht von ihren Hauswirten, sondern auf Vordrucken der Polizei. Es ist ihnen mitgeteilt worden, daß sie sich nicht nach anderen Wohnungen umsehen sollen. Sie würden benachrichtigt werden, was mit ihnen geschieht. Ihr ganzes Besitztum sei beschlagnahmt. Sie dürften nur noch eine beschränkte Stückzahl von Gegenständen als ihr Eigentum ansehen, und zwar z. B. eine Frau: zwei Kleider, drei Stück Hemden, Hosen, Strümpfe usw., einen Mantel . . .
Mein Mann bekommt eine Vorladung auf die Gestapo am Alexanderplatz. Das ist immer sehr unangenehm. Die Korridore zu den Büros haben nämlich am Eingang schwere eiserne Gitter. Wenn die sich erst einmal hinter einem geschlossen haben, ist man nie sicher, ob man auch wieder herausgelassen werden wird. Wir waren beide schon mehrmals allein oder zu zweien vorgeladen. Es handelte sich immer darum, ob wir denn nicht endlich auswandern würden. Diesmal kann mein Mann glücklicherweise unsere Pässe mit den Ausreisegenehmigungen mitnehmen. Der Beamte fragt wirklich wieder, warum wir denn immer noch da wären. Als mein Mann die Pässe vorlegt, nimmt der Gestapobeamte einen beschriebenen Zettel aus unserem Aktenstück und zerreißt ihn. Mein Mann fragt

sehr höflich, was denn dieses Papier besagt hätte. „Das war Ihre Ausweisung nach Polen", ist die Antwort, „ich freue mich, daß Sie darum herumkommen!" Er freut sich! Gestapomänner sind also auch manchmal Menschen.

Das ist Donnerstag, und am Sonntag sollen wir fahren. Jetzt spielt sich alles Schlag auf Schlag ab. In der Nacht vom Donnerstag zum Freitag werden zum erstenmal in Berlin die Juden aus ihren Wohnungen geholt. Jeder darf nur ein Köfferchen mitnehmen. Die Polizei kommt in der Nacht gegen elf. Im Dunkeln, damit die Bevölkerung nicht etwa Partei ergreift. Die armen Menschen werden zu einer Sammelstelle, der Synagoge in der Levetzowstraße, gebracht. Das ganze Straßenviertel dort ist abgesperrt. Die Jüdische Gemeinde hat Krankenschwestern, Ärzte und Helfer stellen müssen. In aller Eile wird Proviant zurechtgemacht, denn niemand hat von zu Hause Lebensmittel mitnehmen dürfen.

Es ist eine furchtbare Nacht mit Regen und Gewittersturm. Die Synagoge reicht nicht aus. Die Menschen müssen stundenlang im Hof im Regen stehen. Die Szenen, die sich dort abspielten, sollen unbeschreiblich gewesen sein. Die Familien sind getrennt worden, man hat Eheleute auseinandergerissen, Kinder fortgeschleppt, Eltern dagelassen. Schon in den Wohnungen bei der Verhaftung haben sich Menschen das Leben genommen. Dort in der Synagoge geschieht es weiter. Es finden Leibesvisitationen statt, die Koffer werden durchsucht. Alle müssen ihre Ausweispapiere, Geburtsscheine, Pässe, usw. abliefern. Es wird ihnen alles fortgenommen, was Geldeswert besitzt, und ebenso Seife, Kämme, Rasierzeug, Scheren, Bürsten, also alles, was ein zivilisierter Mensch braucht, um sauber und ordentlich auszusehen. Sie sollen so verwahrlosen wie die unglücklichen Juden im polnischen Getto, deren Zerrbilder der „Stürmer" bringt . . .

Bekannte kommen zu uns. Sie wissen, daß wir abfahren sollen. Sie bitten, daß wir ihren Angehörigen im Ausland letzte Grüße bringen. Wir sollen doch versuchen, daß alles getan wird, um ihnen ein Enreisevisum zu verschaffen. Wir sollen draußen schildern, was hier vorgeht, was ihnen bevorsteht. Abtransport nach Polen jetzt zu Beginn des Winters, das ist Tod durch Erfrieren, das sind Hunger und Flecktyphus, Seuche und elendes Zugrundegehen. Ahnen denn die Menschen im Ausland, was hier geschieht? Wird es möglich sein, daß Hilfe kommt, ehe es zu spät ist? Werden die hohen Beträge in Dollars für die Visen aufgebracht werden können? Die meisten Verwandten im Ausland haben ja selber kein Geld. Ein paar unserer Freunde haben gerade die Kuba-Visen bekommen. Es sind Eltern oder alte Mütter. Der Abschied von ihnen ist leichter. Wir hoffen, sie werden uns bald nachkommen können, hoffentlich doch! Es kann nicht sein, daß sie jetzt etwa nicht mehr fortkommen werden, nachdem die Kinder mit solchen Schwierigkeiten die Visen beschafft haben. Wir müssen doch hoffen, daß sie es noch erreichen!

Richarz (Hrsg.), Jüdisches Leben in Deutschland, Bd. 3, S. 383—385

VIKTOR BRACK
SS-OBERFÜHRER

BERLIN, DEN [redacted]
W 8, Voßstr. 4

Geheime Reichssache

An den
Reichsführer-SS. und Chef der
Deutschen Polizei
Heinrich H i m m l e r

Berlin SW 11
Prinz Albrecht Str. 8

Sehr geehrter Reichsführer!

Ich habe dem Brigadeführer G l o b o c n i k auf Anweisung von Reichsleiter Bouhler für die Durchführung seiner Sonderaufgabe schon vor längerer Zeit einen Teil meiner Männer zur Verfügung gestellt. Aufgrund einer erneuten Bitte von ihm habe ich nunmehr weiteres Personal abgestellt Bei dieser Gelegenheit vertrat Brigadeführer Globocnik die Auffassung, die ganze Judenaktion so schnell wie nur irgend möglich durchzuführen, damit man nicht eines Tages mitten drin steckenbliebe, wenn irgendwelche Schwierigkeiten ein Abstoppen der Aktion notwendig machen. Sie selbst, Reichsführer, haben mir gegenüber seinerzeit schon die Meinung geäußert, daß man schon aus Gründen der Tarnung so schnell wie möglich arbeiten müsse. Beide Auffassungen, die ja im Prinzip das gleiche Ergebnis zeitigen, sind nach meinen eigenen Erfahrungen mehr als berechtigt; trotzdem möchte ich Sie bitten, in diesem Zusammenhang folgende Überlegung von mir vortragen zu dürfen:

Bei ca. 10 Millionen europäischen Juden sind nach meinem Gefühl mindestens 2 - 3 Millionen sehr gut arbeitsfähiger Männer und Frauen enthalten. Ich stehe in Anbetracht der außerordentlichen Schwierigkeiten, die uns die Arbeiterfrage bereitet, auf dem Standpunkt, diese 2 - 3 Millionen auf jeden Fall herauszuziehen und zu erhalten. Allerdings geht das nur, wenn man sie gleichzeitig fortpflanzungsunfähig macht. Ich habe Ihnen vor ca. 1 Jahr bereits berichtet, daß Beauftragte von mir die notwendigen Versuche

. . . . .

- b.w. -

für diesen Zweck abschließend bearbeitet haben. Ich möchte diese Tatsachen nochmals in Erinnerung bringen. Eine Sterilisation, wie sie normalerweise bei Erbkranken durchgeführt wird, kommt in diesem Fall nicht in Frage, da sie zu zeitraubend und kostspielig ist. Eine Röntgenkastration jedoch ist nicht nur relativ billig, sondern läßt sich bei vielen Tausenden in kürzester Zeit durchführen. Ich glaube, daß es auch im Augenblick schon unerheblich geworden ist, ob die Betroffenen dann nach einigen Wochen bzw: Monaten an den Auswirkungen merken, daß sie kastriert sind.

Sollten Sie, Reichsführer, sich im Interesse der Erhaltung von Arbeitermaterial dazu entschließen, diesen Weg zu wählen, so ist Reichsleiter Bouhler bereit, die für die Durchführung dieser Arbeit notwendigen Ärzte und sonstiges Personal Ihnen zur Verfügung zu stellen. Ebenso hat er mich beauftragt, Ihnen zu sagen, daß ich dann auf schnellstem Wege diese so notwendigen Apparaturen in Auftrag geben soll.

Heil Hitler!

Ihr

Abb. 15: Schreiben des SS-Oberführers Viktor Brack an den Reichsführer-SS Heinrich Himmler vom Juni 1942. Jochen von Lang, Das Eichmann-Protokoll, Berlin 1982, o. S.

43 **Wannsee-Protokoll**[14] vom 20. Januar 1942

Anstelle der Auswanderung ist nunmehr als weitere Lösungsmöglichkeit nach entsprechender vorheriger Genehmigung durch den Führer die Evakuierung der Juden nach dem Osten getreten.

Diese Aktionen sind jedoch lediglich als Ausweichmöglichkeiten anzusprechen, doch werden hier bereits jene praktischen Erfahrungen gesammelt, die im Hinblick auf die kommende Endlösung der Judenfrage von wichtiger Bedeutung sind.

Im Zuge dieser Endlösung der europäischen Judenfrage kommen rund 11 Millionen Juden in Betracht ...

Unter entsprechender Leitung sollen im Zuge der Endlösung die Juden in geeigneter Weise im Osten zum Arbeitseinsatz kommen. In großen Arbeitskolonnen, unter Trennung der Geschlechter, werden die arbeitsfähigen Juden straßenbauend in diese Gebiete geführt, wobei zweifellos ein Großteil durch natürliche Verminderung ausfallen wird.

Der allfällig endlich verbleibende Restbestand wird, da es sich bei diesem zweifellos um den widerstandsfähigsten Teil handelt, entsprechend behandelt werden müssen, da dieser, eine natürliche Auslese darstellend, bei Freilassung als Keimzelle eines neuen jüdischen Aufbaues anzusprechen ist. (Siehe die Erfahrung der Geschichte.)

Im Zuge der praktischen Durchführung der Endlösung wird Europa vom Westen nach Osten durchgekämmt. Das Reichsgebiet einschließlich Protektorat Böhmen und Mähren wird, allein schon aus Gründen der Wohnungsfrage und sonstigen sozialpolitischen Notwendigkeiten, vorweggenommen werden müssen.

Die evakuierten Juden werden zunächst Zug um Zug in sogenannte Durchgangsghettos verbracht, um von dort aus weiter nach dem Osten transportiert zu werden.

Wichtige Voraussetzung, so führte SS-Obergruppenführer *Heydrich* weiter aus, für die Durchführung der Evakuierung überhaupt, ist die genaue Festlegung des in Betracht kommenden Personenkreises.

Es ist beabsichtigt, Juden im Alter von über 65 Jahren nicht zu evakuieren, sondern sie einem Altersghetto – vorgesehen ist Theresienstadt – zu überstellen.

Neben diesen Altersklassen – von den am 31. 10. 1941 sich im Altreich und der Ostmark befindlichen etwa 280 000 Juden sind etwa 30 % über 65 Jahre alt – finden in den jüdischen Altersghettos weiterhin die schwerkriegsbeschädigten Juden und Juden mit Kriegsauszeichnungen (EK I) Aufnahme. Mit dieser zweckmäßigen Lösung werden mit einem Schlag die vielen Interventionen ausgeschaltet.

---

[14] Tagung von führenden Vertretern der obersten Reichs- und Parteibehörden unter dem Vorsitz des „Chefs der Sicherheitspolizei und des SD", Reinhard Heydrich, in Berlin, Am Großen Wannsee 56–58.

Der Beginn der einzelnen größeren Evakuierungsaktionen wird weitgehend von der militärischen Entwicklung abhängig sein. Bezüglich der Behandlung der Endlösung in den von uns besetzten und beeinflußten europäischen Gebieten wurde vorgeschlagen, daß die in Betracht kommenden Sachbearbeiter des Auswärtigen Amtes sich mit dem zuständigen Referenten der Sicherheitspolizei und des SD besprechen . . .
Abschließend wurden die verschiedenen Arten der Lösungsmöglichkeiten besprochen, wobei sowohl seitens des Gauleiters Dr. *Meyer* als auch seitens des Staatssekretärs Dr. *Bühler* der Standpunkt vertreten wurde, gewisse vorbereitende Arbeiten im Zuge der Endlösung gleich in den betreffenden Gebieten selbst durchzuführen, wobei jedoch eine Beunruhigung der Bevölkerung vermieden werden müsse.

H.-A. Jacobsen u. W. Jochmann (Hrsg.), Ausgewählte Dokumente zur Geschichte des Nationalsozialismus 1933—1945, Bielefeld 1961, DH Dokument 20. 1. 1942, o. S.

Abb. 16: Abtransport von 850 Männern, Frauen und Kindern zum Güterbahnhof Aumühle (Würzburg) am 25. April 1942.

44 Rede des Reichsführers der SS Heinrich Himmler vor SS-Führern in Posen am 4. Oktober 1943

Ich will hier vor Ihnen in aller Offenheit, auch ein ganz schweres Kapitel erwähnen. Unter uns soll es einmal ganz offen ausgesprochen sein, und trotzdem werden wir in der Öffentlichkeit nie darüber reden. Genau so wenig, wie wir am 30. Juni 1934 gezögert haben, die befohlene Pflicht zu tun und Kameraden, die sich verfehlt hatten, an die Wand zu stellen und zu erschießen, genau so wenig haben wir darüber jemals gesprochen und werden je darüber sprechen. Es war eine, Gottseidank in uns wohnende Selbstverständlichkeit des Taktes, daß wir uns untereinander nie darüber unterhalten haben, nie darüber sprachen. Es hat jeden geschaudert und doch war sich jeder klar darüber, daß er es das nächste Mal wieder tun würde, wenn es befohlen wird und wenn es notwendig ist.
Ich meine jetzt die Judenevakuierung, die Ausrottung des jüdischen Volkes. Es gehört zu den Dingen, die man leicht ausspricht. – „Das jüdische Volk wird ausgerottet“, sagt ein jeder Parteigenosse, „ganz klar, steht in unserem Programm, Ausschaltung der Juden, Ausrottung, machen wir.“ Und dann kommen sie alle an, die braven 80 Millionen Deutschen, und jeder hat seinen anständigen Juden. Es ist ja klar, die anderen sind Schweine, aber dieser eine ist ein prima Jude. Von allen, die so reden, hat keiner zugesehen, keiner hat es durchgestanden. Von Euch werden die meisten wissen, was es heißt, wenn 100 Leichen beisammen liegen, wenn 500 daliegen oder wenn 1000 daliegen. Dies durchgehalten zu haben, und dabei – abgesehen von Ausnahmen menschlicher Schwächen – anständig geblieben zu sein, das hat uns hart gemacht. Dies ist ein niemals geschriebenes und niemals zu schreibendes Ruhmesblatt unserer Geschichte, denn wir wissen, wie schwer wir uns täten, wenn wir heute noch in jeder Stadt – bei den Bombenangriffen, bei den Lasten und bei den Entbehrungen des Krieges – noch die Juden als Geheimsaboteure, Agitatoren und Hetzer hätten. Wir würden wahrscheinlich jetzt in das Stadium des Jahres 1916/17 gekommen sein, wenn die Juden noch im deutschen Volkskörper säßen.
Die Reichtümer, die sie hatten, haben wir ihnen abgenommen. Ich habe einen strikten Befehl gegeben, den SS-Obergruppenführer Pohl durchgeführt hat, daß diese Reichtümer selbstverständlich restlos an das Reich abgeführt wurden. Wir haben uns nichts davon genommen. Einzelne, die sich verfehlt haben, werden gemäß einem von mir zu Anfang gegebenen Befehl bestraft, der androhte: Wer sich auch nur eine Mark davon nimmt, der ist des Todes. Eine Anzahl SS-Männer – es sind nicht sehr viele – haben sich dagegen verfehlt und sie werden des Todes sein, gnadelos. Wir hatten das moralische Recht, wir hatten die Pflicht gegenüber unserem Volk, dieses Volk, das uns umbringen wollte, umzubringen. Wir haben aber nicht das Recht, uns auch nur mit einem Pelz, mit einer Uhr, mit einer Mark oder mit einer Zigarette oder mit sonst etwas zu bereichern.

Wir wollen nicht am Schluß, weil wir einen Bazillus ausrotteten, an dem Bazillus krank werden und sterben. Ich werde niemals zusehen, daß hier auch nur eine kleine Fäulnisstelle entsteht oder sich festsetzt. Wo sie sich bilden sollte, werden wir sie gemeinsam ausbrennen. Insgesamt aber können wir sagen, daß wir diese schwerste Aufgabe in Liebe zu unserem Volk erfüllt haben. Und wir haben keinen Schaden in unserem Inneren, in unserer Seele, in unserem Charakter daran genommen.

Abgedruckt in: Der Prozeß gegen die Hauptkriegsverbrecher vor dem Internationalen Militärgerichtshof Nürnberg 14. 11. 1945—1. 10. 1946, Bd. 29, Nürnberg 1948, S. 145 f.

Rudolf Höß, SS-Obersturmbannführer und Kommandant von Auschwitz: Vergasung in Auschwitz (aufgezeichnet 1946) **45**

Im Herbst 1941 wurden durch einen Geheimen Sonderbefehl in den Kriegs-Gefangenen-Lagern die russischen Politruks, Kommissare und besondere politische Funktionäre durch die Gestapo ausgesondert und dem nächstgelegenen KL zur Liquidierung zugeführt. In Auschwitz trafen laufend kleinere Transporte dieser Art ein, die durch Erschießen in der Kiesgrube bei den Monopol-Gebäuden oder im Hof des Block 11 getötet wurden. Gelegentlich einer Dienstreise hatte mein Vertreter, der Hauptsturmführer Fritzsch, aus eigener Initiative Gas zur Vernichtung dieser russischen Kriegsgefangenen verwendet, und zwar derart, daß er die einzelnen im Keller gelegenen Zellen mit den Russen vollstopfte und unter Verwendung von Gasmasken Cyclon B in die Zellen warf, und das den sofortigen Tod herbeiführte. Das Gas Cyclon B wurde in Auschwitz durch die Firma Tesch & Stabenow laufend zur Ungezieferbekämpfung verwendet und lagerte daher immer ein Vorrat dieser Gasbüchsen bei der Verwaltung. In der ersten Zeit wurde dieses Giftgas, ein Blausäurepräparat, nur durch Angestellte der Firma Tesch & Stabenow unter größten Vorsichtsmaßnahmen angewandt, später wurden einige SDG [Sanitätsdienstgrade] als Desinfektoren bei der Firma ausgebildet, und es haben dann diese die Gasverwendung bei der Entseuchung und Ungezieferbekämpfung durchgeführt. Beim nächsten Besuch Eichmanns berichtete ich ihm über diese Verwendung von Cyclon B und wir entschlossen uns, bei der zukünftigen Massenvernichtung dieses Gas zur Anwendung zu bringen. Die Tötung der oben bezeichneten russischen Kriegsgefangenen durch Cyclon B wurde fortgesetzt, aber nicht mehr in Block 11, da nach der Vergasung das ganze Gebäude mindestens zwei Tage gelüftet werden mußte. Es wurde daher der Leichenraum des Krematoriums beim Revier als Vergasungsraum benutzt, indem die Tür gasdicht und einige Löcher zum Einwurf des Gases in die Decke geschlagen wurden . . .
Zu welcher Zeit nun die Judenvernichtung begann, vermag ich nicht mehr anzugeben. Wahrscheinlich noch im September 1941, vielleicht aber auch erst im Januar 1942. Es handelt sich zuerst um Juden aus Ostoberschle-

sien. Diese Juden wurden durch die Stapoleitstelle Kattowitz verhaftet und in Transporten mit der Bahn auf einem Abstellgeleis auf der Westseite der Bahnstrecke Auschwitz-Dziedzice gebracht und dort ausgeladen. Soviel ich mich noch erinnere, waren diese Transporte nie stärker als 1000 Menschen. An der Bahnrampe wurden die Juden von einer Bereitschaft des Lagers von der Stapo übernommen und in zwei Abteilungen durch den Schutzhaftlagerführer nach dem Bunker, wie die Vernichtungsanlage bezeichnet wurde, gebracht. Das Gepäck blieb an der Rampe und wurde dann nach der Sortierstelle – Kanada genannt – zwischen DAW und dem Bauhof gebracht. Die Juden mußten sich bei dem Bunker ausziehen, es wurde ihnen gesagt, daß sie zur Entlausung in die auch so bezeichneten Räume gehen müßten. Alle Räume, es handelte sich um fünf, wurden gleichzeitig gefüllt, die gasdicht gemachten Türen zugeschraubt und der Inhalt der Gasbüchsen durch besondere Luken in die Räume geschüttet.

Nach Verlauf einer halben Stunde wurden die Türen wieder geöffnet, in jedem Raum waren 2 Türen, die Toten herausgezogen und auf kleinen Feldbahnwagen auf einem Feldbahngeleis nach den Gruben gefahren. Die Kleidungsstücke wurden mit Lastwagen nach der Sortierstelle gebracht. Die ganze Arbeit, Behilflichsein beim Ausziehen, Füllen des Bunkers, Räumung des Bunkers, Beseitigung der Leichen sowie das Ausschachten und Zuschütten der Massengräber wurde durch ein besonderes Kommando von Juden durchgeführt, die gesondert untergebracht waren und laut Anordnung Eichmanns nach jeder größeren Aktion ebenfalls vernichtet werden sollten. Während der ersten Transporte schon brachte Eichmann einen Befehl des RFSS [Reichsführer-SS], wonach den Leichen die Goldzähne auszuziehen und bei den Frauen die Haare abzuschneiden seien. Diese Arbeit wurde ebenfalls von dem Sonderkommando durchgeführt. Die Aufsicht bei der Vernichtung hatte zu der Zeit jeweils der Schutzhaftlagerführer bzw. der Rapportführer. Kranke Personen, die man nicht in die Gasräume bringen konnte, wurden durch Genickschuß mit dem Kleinkalibergewehr getötet. Ein SS-Arzt mußte ebenfalls zugegen sein. Das Einwerfen des Gases erfolgte durch die ausgebildeten Desinfektoren – SDGs [Sanitätsdienstgrade]. Während es sich im Frühjahr 1942 noch um kleinere Aktionen handelte, verdichteten sich die Transporte während des Sommers, und wir waren gezwungen, noch eine weitere Vernichtungsanlage zu schaffen. Es wurde das Bauerngehöft westlich der späteren Krematorien III und IV ausgewählt und hergerichtet. Zur Entkleidung waren beim Bunker I zwei und beim Bunker II drei Baracken entstanden. Der Bunker II war größer, er faßte ca. 1200 Personen. Noch im Sommer 1942 wurden die Leichen in die Massengräber gebracht. Erst gegen Ende des Sommers fingen wir an mit der Verbrennung; zuerst auf einem Holzstoß mit ca. 2000 Leichen, nachher in den Gruben mit den wieder freigelegten Leichen aus der früheren Zeit. Die

Leichen wurden zuerst mit Ölrückständen, später mit Methanol übergossen. In den Gruben wurde fortgesetzt verbrannt, also Tag und Nacht. Ende November 1942 waren sämtliche Massengräber geräumt. Die Zahl der in den Massengräbern vergrabenen Leichen betrug 107 000. In dieser Zahl sind nicht nur die vergasten Judentransporte vom Anfang bis zu Beginn der Verbrennung enthalten, sondern auch die Leichen der im Lager Auschwitz verstorbenen Häftlinge des Winters 1941/42, als das Krematorium beim Revier längere Zeit ausgefallen war. Ebenso sind darin enthalten sämtliche verstorbenen Häftlinge des Lagers Birkenau.

Kommandant in Auschwitz. Autobiographische Aufzeichnungen des Rudolf Höß, hrsg. von Martin Broszat, München 1981, S. 159—161

Abb. 17: Massenexekution von Jüdinnen auf offenem Feld bei Lijepaja in Lettland (1943?).

46 Ohnesarg

In der Grube Ohnesarg
Gibt es keine Stufe.
In der Grube Ohnesarg
Wimmern Hilferufe.
In der Grube Ohnesarg
Wächst kein Gras und Halm.
In der Grube Ohnesarg
Schwelt der Menschrestqualm.
In der Grube Ohnesarg
Glüht kein Morgenrot.
In der Grube Ohnesarg
Stöhnt die Stille: Tod.

Ilse Blumenthal-Weiss, Ohnesarg. Gedichte und ein dokumentarischer Bericht mit einer Einführung von Günter Kunert, Hannover 1984, S. 10

Literaturhinweise

Adam, Uwe Dietrich, Judenpolitik im Dritten Reich, Düsseldorf 1972

Adler, Hans Günther, Der verwaltete Mensch. Studien zur Deportation der Juden aus Deutschland, Tübingen 1974

Bein, Alex, Die Judenfrage. Biographie eines Weltproblems, 2 Bde., Stuttgart 1980

Cohn, Hermann, Die Protokolle der Weisen von Zion. Der Mythos einer Weltverschwörung, Köln 1969

Gilbert, Martin, Endlösung. Die Vertreibung und Vernichtung der Juden. Ein Atlas (rororo 5031), Reinbek 1982

Greive, Hermann, Geschichte des modernen Antisemitismus in Deutschland, Darmstadt 1983

Hilberg, Raul, Die Vernichtung der europäischen Juden. Die Gesamtgeschichte des Holocaust, Berlin 1982

Jäckel, Eberhard, Hitlers Weltanschauung. Entwurf einer Herrschaft, Stuttgart 1981

Ders., Hitlers Herrschaft. Vollzug einer Weltanschauung, Stuttgart 1986

Ders. und *Rohwer, Jürgen* (Hrsg.), Der Mord an den Juden im Zweiten Weltkrieg. Entschlußbildung und Verwirklichung, Stuttgart 1985

Kampmann, Wanda, Die Geschichte der Juden in Deutschland vom Mittelalter bis zum Beginn des Ersten Weltkrieges (Fischer-TB 3429), Frankfurt a. M. 1979

Lauber, Heinz, Judenpogrom „Reichskristallnacht“ November 1938 in Großdeutschland, Gerlingen 1981

Martin, Bernd und *Schulin, Ernst* (Hrsg.), Die Juden als Minderheit in der Geschichte (dtv 1745), München 1981

Massing, Paul W., Vorgeschichte des politischen Antisemitismus (TB Syndikat/EVA 78), Frankfurt a. M. 1986

Mohrmann, Walter, Antisemitismus. Ideologie und Geschichte im Kaiserreich und in der Weimarer Republik, Berlin 1972

Mosse, Werner E. (Hrsg.), Entscheidungsjahr 1932. Zur Judenfrage in der Endphase der Weimarer Republik. Ein Sammelband, Tübingen 1966

Ders. (Hrsg.), Juden im Wilhelminischen Deutschland 1890–1914. Ein Sammelband, Stuttgart 1976

Paucker, Arnold (Hrsg.), Die Juden im Nationalsozialistischen Deutschland. The Jews in Nazi Germany 1933–1945, Tübingen 1986

Poliakov, Léon, Geschichte des Antisemitismus. Übersetzung aus dem Französischen. Bisher liegen 5 Bde. vor, Worms 1977–1983

Rückerl, Adalbert (Hrsg.), NS-Vernichtungslager im Spiegel deutscher Strafprozesse (dtv dokumente 2904), München 1979

Rürup, Reinhard, Emanzipation und Antisemitismus. Studien zur „Judenfrage“ der bürgerlichen Gesellschaft, Göttingen 1975

Sterling, Eleonore, Judenhaß. Die Anfänge des politischen Antisemitismus in Deutschland (1815–1850), Frankfurt a. M. 1969

Strauss, Herbert A. und *Hoffmann, Christhard* (Hrsg.), Juden und Judentum in der Literatur (dtv 10513), München 1985

Ders. und *Kampe, Norbert* (Hrsg.), Antisemitismus. Von der Judenfeindschaft zum Holocaust (Schriftenreihe der Bundeszentrale für politische Bildung 213), Bonn 1984

Zu Abb. 12: Figurenschema und Namen der Dargestellten

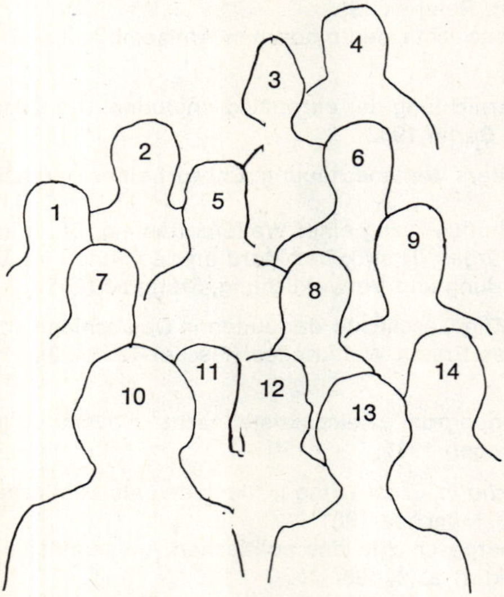

1. Mann, Heinrich; Schriftsteller
2. Zucker, Paul; Architekt + Kunsthistoriker
3. Rainer, Luise; Schauspielerin
4. Friedemann, Ulrich; Arzt, Bakteriologe
5. Klemperer, Otto; Dirigent
6. Tillich, Paul; Theologe
7. Zweig, Arnold; Schriftsteller
8. Stern, William; Psychologe
9. Bruckner, Ferdinand; Schriftsteller
10. Einstein, Albert; Physiker
11. Mann, Klaus; Schriftsteller
12. Mann, Thomas; Schriftsteller
13. Mann, Erika; Schriftstellerin
14. Renn, Ludwig; Schriftsteller

Abbildungsnachweis

Bildarchiv Preußischer Kulturbesitz, Berlin, 13; Ernst Gortner, Nürnberg, 77; Hessisches Staatsarchiv Marburg, 29; Umschlagbild: Historisches Museum Osnabrück; Huber & Oberländer, Ingenieurbüro für Kartographie, München, 16; Staatsarchiv Würzburg, Gestapostelle Würzburg, Nr. 10313, Bl. 8, 65; Stadtarchiv Würzburg, 54; Städtisches Museum, Mülheim/Ruhr, 59